# HAWAII

## GUIDE DE VOYAGE

## 2024

**Explorez les diverses merveilles naturelles d'Hawaï, des hauts plateaux volcaniques de la Grande Île aux cascades de Maui.**

**Par**

**Robert A Smith**

Tous droits réservés. Aucune partie de cette publication ne peut
être reproduit, distribué ou transmis sous quelque forme que ce soit
forme ou par tout moyen, y compris la photocopie, enregistrement, ou d'autres méthodes électroniques ou mécaniques,
sans l'autorisation écrite préalable de l'éditeur,
sauf dans le cas de brèves citations incorporées dans critiques et certaines autres utilisations non commerciales
autorisé par la loi sur le droit d'auteur.
Droits d'auteur © Robert A. Smith, 2024

## Table des matières

Mon voyage de vacances à Hawaï.................... 5
Bonne journée et bienvenue à Hawaï.................. 7
Le contexte historique d'Hawaï..................... 9
La population d'Hawaï.............................. 11
L'ethnicité et la culture d'Hawaï.................. 13
La météo à Hawaï................................... 15
Pratique religieuse à Hawaï........................ 19
Chapitre 1......................................... 22
Hawaii; La ville paradisiaque d'Hawaï.............. 22
Quels facteurs contribuent à la popularité d'Hawaï en tant que destination touristique ?............. 24
Excellente histoire et culture..................... 28
Une musique passionnante........................... 29
Des structures époustouflantes..................... 31
Excellents repas et boissons....................... 33
Beaux parcs et jardins............................. 36
Musées d'histoire et galeries d'art................ 38
Qui devrait aller à Hawaï ?........................ 40
Les amateurs de musique............................ 42
Chercheurs d'aventure.............................. 43
Les gourmands...................................... 46
Ceux qui recherchent une pause..................... 47
Ceux qui aiment visiter le marché de Noël.......... 49
Chapitre 2......................................... 52
Planification de voyage à Hawaï.................... 52
Quelle est la meilleure période pour visiter Hawaï ?.. 54

Été (juin-août)..................................................... 57
La saison hivernale (décembre à février)................59
Comment voyager à Hawaï.....................................62
Télécharger la carte hors ligne d'Hawaï..................64
Utiliser Google Maps...............................................66
Où séjourner à Hawaï..............................................68
Combien de temps dois-je rester ?.........................70
Listes de colisage pour Hawaï................................ 71
chapitre 3.................................................................74
Exigences de visa à Hawaï..................................... 75
Qui a besoin d'un visa pour visiter Hawaï ?............ 77
Catégories de visa à Hawaï.................................... 79
Le coût d'un visa Hawaï.......................................... 81
Preuve d'hébergement............................................ 82
Preuve financière suffisante....................................84
Formulaire de déclaration de santé........................ 86
Vaccinations.............................................................87
Chapitre 4................................................................ 89
Prix et options d'hébergement à Hawaï...................90
Les hôtels et centres de villégiature bon marché d'Hawaï comprennent :............................................ 92
Hôtels et centres de villégiature du plus haut calibre 94
Auberges et chambres d'hôtes................................ 95
Camping................................................................... 97
Chapitre 5................................................................. 99
Vie nocturne à Hawaï et étiquette à manger........... 101
Vie nocturne à Hawaï............................................... 102

Étiquette pour la vie nocturne d'Hawaï.................. 104
Cuisine hawaïenne.................................................. 105
Boissons célèbres à Hawaï..................................... 108
Meilleurs restaurants et cafés................................ 109
Style de restauration hawaïen................................ 111
Chapitre 6............................................................... 113
Attractions touristiques et activités récréatives à Hawaï....................................................................... 114
Activités sportives:.................................................. 115
Parcs et jardins à Hawaï......................................... 117
Activités de plein air à Hawaï................................. 118
Musées et attractions éducatives........................... 119
Zoos et rencontres avec des animaux à Hawaï..... 123
CHAPITRE 7............................................................ 124
Options et coûts de transport à Hawaï,................. 124
Aperçu du transit général d'Hawaï......................... 127
Billets seuls............................................................. 128
Options de transport à Hawaï................................ 130
Métro à Hawaï......................................................... 132
Transport en tramway à Hawaï.............................. 134
Transport en bus à Hawaï...................................... 136
Service de taxi à Hawaï.......................................... 137
Bateaux et ferries d'Hawaï..................................... 141
Chapitre 8............................................................... 141
Les choses les plus importantes à savoir sur Hawaï avant de voyager.................................................... 141
Trésorerie d'Hawaï.................................................. 144
Emportez de l'argent avec vous............................. 145

Prenez en compte l'assurance voyage à Hawaï.... 147
Applications hawaïennes téléchargeables............ 149
Numéros de téléphone d'urgence à Hawaï............ 151
Le marché commercial préféré d'Hawaï................ 151
Étiquette culturelle d'Hawaï......................................153
CHAPITRE 9................................................................. 155
Budgétisation et planification financière à Hawaï, 155
Top 10 des stratégies d'économie d'argent à Hawaï.. 158
Évitez les foules à Hawaï pour votre propre sécurité. 161
Rencontre avec des habitants d'Hawaï.................. 162
CHAPITRE 10............................................................... 164
Excursions et excursions d'une journée à Hawaï, 164
Un regard sur des vacances en solo à Hawaï........166
Itinéraire de 7 jours à Hawaï : conseils pour des vacances en solo en toute sécurité........................ 168
Itinéraire d'Hawaï pendant 7 jours :...................... 170

## Mon voyage de vacances à Hawaï

**Considérez ceci :** un vent chaud hawaïen fait doucement bruisser les feuilles de palmier alors que vous vous tenez au bord d'un cratère de volcan, admirant les couleurs vives du coucher de soleil peignant le ciel. La journée a commencé par un passionnant voyage en hélicoptère au-dessus de magnifiques paysages et de cascades tumultueuses, suivi d'une excursion de plongée en apnée dans des mers cristallines au milieu de poissons colorés. En sirotant une boisson fraîche à la noix de coco, vous réalisez que Hawaï est bien plus qu'un simple lieu de vacances ; c'est un voyage sensoriel rempli de merveilles naturelles, d'une culture riche et de souvenirs mémorables. Le luau classique est un régal pour les sens, avec le rythme des danses hula et les odeurs de cochon rôti. Explorez les différents écosystèmes de ce paradis tropical, des forêts tropicales luxuriantes aux plages dorées, et plongez-vous dans l'esprit aloha qui imprègne chaque recoin de ce paradis tropical.

**Levez-vous tôt un matin et partez en randonnée jusqu'au sommet de Diamond Head, où vous serez récompensé par une vue imprenable sur Waikiki et l'éblouissant Pacifique en contrebas. Ressentez l'excitation en vous essayant au surf sur la légendaire Côte-Nord, où des vagues imposantes attendent les casse-cou. Faites un voyage à travers la cuisine locale, des poké balls remplis de poisson frais à la douceur exquise de la glace pilée.

Parcourez la pittoresque Hana Highway, parcourez les virages en épingle à cheveux et découvrez des cascades secrètes cachées dans l'épais buisson. Plongez-vous dans l'histoire polynésienne au Centre culturel polynésien, où des spectacles captivants et des expositions interactives mettent en valeur les différentes cultures des îles du Pacifique.

Promenez-vous tranquillement sur la plage de Waikiki au coucher du soleil, avec le célèbre Diamond Head en toile de fond. Une ambiance agréable est créée par le bruit des vagues et la douce lumière des torches tiki. Terminez votre journée avec un spectacle de chants et de danses traditionnels hawaïens qui vous relie aux origines anciennes de ce lieu passionnant.

Que vous recherchiez l'aventure, les loisirs ou la découverte culturelle, Hawaï crée une tapisserie d'expériences qui vous accompagneront longtemps après avoir quitté ses plages.

## Bonne journée et bienvenue à Hawaï.

Bienvenue dans l'enchantement d'Hawaï, où les paysages verdoyants rencontrent l'étreinte des océans turquoise et le doux balancement des palmiers murmure des histoires de paradis tropical. Ressentez l'étreinte chaleureuse d'Aloha lors de votre voyage à travers une culture vivante, de magnifiques couchers de soleil et la danse rythmée du hula, qui résume l'essence de ces îles pittoresques. Hawaï vous invite à vous immerger dans ses beautés naturelles et à apprécier le charme décontracté qui distingue ce joyau du Pacifique.

Explorez les nombreuses beautés d'Hawaï, des montagnes volcaniques de la Grande Île aux cascades de Maui. Plongez vos orteils dans les rivages dorés de Waikiki ou explorez la splendeur sauvage des jungles luxuriantes de Kauai. Profitez d'un festin luau traditionnel pendant que le soleil peint le ciel de couleurs orange et rose. Les arômes de fruits de mer frais et de fruits tropicaux danseront sur votre palais.

De la plongée en apnée dans des mers cristallines regorgeant d'une vie marine riche à la capture de la

vague parfaite sur la célèbre côte nord d'Oahu, adonnez-vous à des sports nautiques exaltants. Participez à une séance de yoga en bord de mer avec les locaux ou maîtrisez l'art de fabriquer des colliers, une caractéristique de la convivialité hawaïenne.
Le temps semble ralentir dans ce paradis tropical, vous permettant de profiter des joies simples de la vie. Hawaï vous invite dans un monde où la beauté de la nature et la diversité culturelle se fusionnent pour produire une expérience mémorable, que vous fassiez une randonnée jusqu'à des cascades secrètes, naviguez sur des routes côtières à couper le souffle ou que vous profitiez simplement de la chaleur du soleil. Acceptez l'esprit aloha et laissez Hawaï tisser son enchantement sur vous.

## Le contexte historique d'Hawaï

Hawaï a une histoire riche et variée. Les Polynésiens auraient débarqué sur les îles il y a environ 1 500 ans et auraient développé une culture distincte. Le débarquement du capitaine James Cook en 1778 constitue la première rencontre avec l'Occident. Avec l'arrivée des missionnaires au XIXe siècle, les îles connaissent une montée en puissance de l'influence européenne. L'effondrement de la monarchie hawaïenne en 1893 entraîne son annexion par les

États-Unis en 1898. Hawaï devient un territoire américain avant de devenir un État en 1959. Son histoire mêle traditions autochtones et influences étrangères.

Hawaï est devenu un centre commercial maritime du Pacifique au cours des premières années de l'engagement occidental. En raison de leur position stratégique, les îles étaient essentielles pour l'approvisionnement des navires naviguant entre l'Amérique du Nord, l'Asie et le Pacifique. Cette situation a été exacerbée par l'arrivée des missionnaires américains au début du XIXe siècle, qui ont apporté le christianisme et l'éducation occidentale.

En raison des maladies étrangères, la population indigène déclina rapidement au XIXe siècle. Le commerce du sucre a pris de l'importance, entraînant un afflux de main-d'œuvre immigrée, notamment en provenance d'Asie, ce qui a contribué au développement de la culture multiculturelle d'Hawaï.

La chute de la reine Liliuokalani en 1893 fut un événement décisif. Un groupe de marchands des États-Unis et d'Europe, soutenus par les États-Unis. La reine fut contrainte d'abdiquer par les Marines, ce qui entraîna la fondation de la République d'Hawaï.

Hawaï fut acquise par les États-Unis cinq ans plus tard, en 1898.

L'assaut de Pearl Harbor en 1941 fut un facteur crucial dans l'entrée des États-Unis dans la Seconde Guerre mondiale. En raison de son importance stratégique, Hawaï est devenue une station militaire et, finalement, un rôle vital sur le théâtre du Pacifique.

Hawaï est devenu le 50e État des États-Unis lorsqu'il a obtenu le statut d'État en 1959. Le milieu du XXe siècle a été témoin d'un essor du tourisme, qui a contribué à façonner l'économie actuelle d'Hawaï. Malgré la prospérité économique, les conflits sur les droits des autochtones, l'utilisation des terres et la préservation de la culture se poursuivent alors que les îles tentent de combiner tradition et pressions d'un monde globalisé.

## La population d'Hawaï.

La population d'Hawaï devrait être d'environ 1,46 million d'habitants. N'oubliez pas que les estimations démographiques peuvent fluctuer en raison de diverses raisons telles que la migration, les taux de natalité et d'autres considérations démographiques.

Hawaï est un archipel du Pacifique central qui comprend huit îles principales, dont la majeure partie de la population vit à Oahu, Maui, Hawaï (communément appelée la grande île) et Kauai. Honolulu, la capitale et la plus grande ville de l'État, est située sur l'île d'Oahu et constitue le centre économique et culturel de l'État.

La population d'Hawaï est connue pour sa diversité, qui a été influencée par un ensemble complexe de civilisations. Il existe une importante communauté asiatique et insulaire du Pacifique dans l'État, comprenant des Japonais, des Philippins, des Chinois et des Hawaïens autochtones. Il existe également des communautés de nombreuses origines ethniques, qui contribuent à la mosaïque culturelle distinctive de l'État.

Le tourisme est un secteur important à Hawaï, attirant chaque année des millions de personnes pour profiter des paysages à couper le souffle, des plages et des riches expériences culturelles de l'État. L'interaction entre les habitants et les visiteurs a influencé le caractère et l'économie de l'État.

Hawaï est confrontée à des obstacles dus à son éloignement géographique, tels que la dépendance à l'égard de fournitures importées et l'effet possible du changement climatique sur ses écosystèmes. Les efforts visant à trouver un équilibre entre la croissance économique et la protection de l'environnement sont essentiels à la viabilité à long terme de l'État.

Il est préférable de contacter des sources officielles telles que le Bureau du recensement des États-Unis ou le Département des affaires, du développement économique et du tourisme de l'État d'Hawaï pour obtenir les données démographiques et les informations démographiques les plus récentes.

## L'ethnicité et la culture d'Hawaï

Le passé unique d'Hawaï a donné naissance à un ensemble complexe de nationalités et de cultures. Les autochtones hawaïens ont une culture polynésienne unique, fermement ancrée dans des traditions telles que le hula et la guitare molle. Les vagues d'immigration ont ajouté des éléments supplémentaires au fil du temps.

Les influences asiatiques abondent, les groupes japonais, chinois, philippins et coréens s'ajoutant au creuset culturel. Les traditions traditionnelles, les plaisirs gastronomiques et les festivals de ces nations sont étroitement liés à la vie quotidienne.

Les influences européennes et américaines sont également visibles, notamment suite à la visite du capitaine Cook. Les traditions occidentales convergent avec les coutumes autochtones, ce qui a un impact sur l'art, la langue et les normes sociales.

La diversité d'Hawaï est commémorée par des événements tels que le Merrie Monarch Festival, qui met en valeur le hula et les arts tout en soulignant la valeur de la préservation de l'identité culturelle. Ce mélange de nationalités et de cultures donne naissance à une identité hawaïenne distincte qui allie traditions anciennes et influences contemporaines.

En outre, la période des plantations à la fin du XIXe et au début du XXe siècle a vu un afflux important de divers groupes de travailleurs. Des travailleurs du Portugal, de Porto Rico et des Philippines sont venus laisser une impression durable sur les îles. Les langues, les traditions et la nourriture de ces cultures continuent d'améliorer l'environnement culturel d'Hawaï.

La présence militaire, notamment pendant la Seconde Guerre mondiale, a ajouté à la diversité d'Hawaï. Le personnel militaire stationné sur les îles a apporté avec lui des éléments de la culture américaine continentale, contribuant ainsi à ce mélange unique. L'après-guerre a vu une croissance du tourisme, attirant des touristes du monde entier et cultivant une culture cosmopolite.

Aujourd'hui, les festivals Aloha et les activités culturelles autour des îles mettent en valeur l'unité et la diversité des îles. Les résidents embrassent avec enthousiasme leurs ancêtres tout en célébrant le mélange de nombreuses cultures. L'esprit « Aloha » règne en maître, représentant la convivialité, l'inclusion et le respect des personnes de toutes origines.

Essentiellement, l'ethnicité et la culture d'Hawaï forment une combinaison dynamique, un monument de la cohabitation pacifique de sa population. Les îles sont un exemple de diversité, chaque race s'ajoutant à la tapisserie vivante qui caractérise l'identité d'Hawaï.

## La météo à Hawaï

Hawaï a un climat diversifié et distinct qui est affecté par sa position au milieu de l'océan Pacifique. L'État est divisé en deux zones climatiques : tropicale et subtropicale. Le climat tropical domine les régions côtières de basse altitude, ce qui se traduit par des températures douces toute l'année. Les températures autour de la côte varient normalement de 75°F à 85°F (24°C à 29°C), avec de très légères fluctuations saisonnières.

Dans les hauteurs plus élevées, comme sur les pentes du Mauna Kea et du Mauna Loa, le climat subtropical prévaut. Ces endroits ont des températures plus froides qui descendent périodiquement en dessous de zéro, en particulier pendant les mois d'hiver. La géographie variable des îles s'ajoute aux microclimats, entraînant des conditions météorologiques spécifiques. Les parties au vent des îles, qui font face aux alizés dominants, reçoivent plus de précipitations, ce qui donne lieu à un paysage verdoyant et luxuriant. Les côtés sous le vent, en revanche, ont un climat plus sec et sont généralement caractérisés par des paysages désertiques.

Les alizés, qui soufflent constamment du nord-est, ont un impact significatif sur le climat d'Hawaï. Ces vents apportent de l'air humide aux îles, entraînant de fortes pluies sur les pentes au vent. Le phénomène « d'ombre de pluie » se produit du côté sous le vent, lorsque l'air descendant conduit à des conditions plus sèches. Il y a deux saisons différentes sur les îles : une saison des pluies d'octobre à avril et une saison sèche de mai à septembre.

Outre les tendances en matière de température et de précipitations, Hawaï est vulnérable aux cyclones tropicaux, en particulier pendant la saison des ouragans. Les eaux chaudes de l'océan autour des îles contribuent à la formation et au renforcement des tempêtes tropicales. Bien qu'Haïti ait des températures généralement douces, les conséquences du changement climatique suscitent des inquiétudes, telles que l'augmentation du niveau de la mer et des changements probables dans les régimes météorologiques historiques. Le climat d'Hawaï est une combinaison fascinante de chaleur tropicale, d'escapades froides dans les hautes terres et de microclimats dynamiques produits par la géologie des îles du Pacifique.

Le climat de l'État insulaire est essentiel au développement de ses écosystèmes et paysages distincts. La diversité de la biodiversité d'Hawaï reflète la diversité des circonstances naturelles de l'archipel. Les forêts tropicales luxuriantes situées sur les pentes au vent abritent une gamme diversifiée d'espèces végétales et animales indigènes qui se sont adaptées aux pluies abondantes et à l'humidité élevée. Le riche sol volcanique ajoute également à la végétation luxuriante des îles.

Le « Vog », un mot dérivé du smog volcanique, est un événement météorologique important à Hawaï. Cela se produit lorsque les verres volcaniques, en grande partie générés par Kilauea sur la grande île, se mélangent à la lumière du soleil et à l'humidité de l'air, entraînant la formation d'une brume susceptible de nuire à la qualité de l'air. Bien que le Vog soit plus répandu sur la Grande Île, ses effets peuvent occasionnellement être transférés à d'autres régions de l'État par les vents.

L'eau autour d'Hawaï a également un impact significatif sur son climat. La température de l'océan Pacifique modère la température atmosphérique, évitant ainsi la chaleur ou le froid intenses. De plus, les eaux chaudes de l'océan entretiennent une écologie marine variée, faisant d'Hawaï un paradis pour les plongeurs et les plongeurs souhaitant explorer les spectaculaires récifs coralliens de l'île.

L'équilibre délicat du climat d'Hawaï est menacé par le changement climatique d'origine humaine. L'élévation du niveau de la mer constitue un danger pour les résidents et les écosystèmes côtiers. Les changements dans les régimes de précipitations peuvent également avoir un impact sur l'approvisionnement en eau, créant ainsi des problèmes pour l'agriculture et l'approvisionnement en eau douce.

Pour relever ces défis environnementaux, des efforts sont déployés, notamment des mesures visant à promouvoir la durabilité, à conserver les écosystèmes et à réduire les émissions de carbone. Alors qu'Haïti fait face aux difficultés du changement climatique, sa topographie distincte et sa résilience climatique restent des traits distinctifs de ces îles du Pacifique.

## Pratique religieuse à Hawaï

Les activités religieuses à Hawaï sont fermement ancrées dans le riche tissu culturel et historique des îles. Les Hawaïens indigènes, connus sous le nom de

Kanaka Maoli, ont un lien spirituel avec la terre, connu sous le nom de « », qui est au cœur de leurs croyances religieuses. Avant l'arrivée des influences occidentales, la religion traditionnelle hawaïenne était polythéiste et animiste, accordant une importance spirituelle aux diverses composantes naturelles.

La notion de mana, une force ou une énergie spirituelle censée vivre dans les individus, les choses et l'environnement, est au cœur de la spiritualité hawaïenne. Cette vision du monde met l'accent sur l'interdépendance de toutes choses et sur l'importance de maintenir l'harmonie avec la nature. Pour honorer les divinités et assurer une bonne récolte, des rituels et des cérémonies tels que le festival Makahiki consacré à la divinité Lono étaient suivis.

Le christianisme a développé une place forte à Hawaï avec l'avènement des explorateurs et des missionnaires occidentaux au XVIIIe siècle. Aujourd'hui, le christianisme est pratiqué par une partie importante de la population, avec de nombreuses confessions répandues dans les îles. En revanche, les traditions religieuses traditionnelles hawaïennes n'ont pas disparu. De nombreux Hawaïens combinent des éléments du christianisme avec des traditions indigènes, ce qui donne lieu à une spiritualité syncrétique.

L'environnement lui-même a une importance religieuse, certains lieux étant vénérés. Des pèlerinages sont entrepris vers des volcans, des montagnes et des plans d'eau censés être habités par des êtres spirituels, et des pèlerinages sont effectués pour rendre hommage et rechercher des bénéfices. De plus, le hula, une danse traditionnelle hawaïenne, est souvent imprégné de signification spirituelle, racontant des histoires de dieux, de déesses et d'événements historiques.

Le paysage religieux d'Hawaï est un mélange de croyances historiques hawaïennes, de christianisme d'influence occidentale et d'activités spirituelles actuelles. Cette variété reflète le passé complexe des îles ainsi que les tentatives actuelles de maintenir et de reconnaître les manifestations religieuses traditionnelles et contemporaines.

# Chapitre 1

# Hawaii; La ville paradisiaque d'Hawaï

Hawaï est connue pour ses paysages magnifiques et sa culture vivante, et la séduisante ville d'Honolulu est située à l'intérieur de ce paradis tropical. Honolulu, située sur l'île d'Oahu, est connue comme la « ville paradisiaque » pour ses paysages magnifiques, sa riche histoire et ses nombreuses attractions.

La plage de Waikiki, une étendue de sable doré de renommée mondiale entourée par l'océan Pacifique et le cratère distinctif de Diamond Head, est l'un des monuments les plus reconnaissables de la ville. La plage n'est pas seulement le paradis des surfeurs, mais aussi un centre animé avec des complexes hôteliers de luxe, des magasins et une vie nocturne animée. Les touristes et les résidents sont attirés par la mer magnifique et les vues panoramiques qui contribuent au charme de Waikiki.

Outre les plages, Honolulu possède des monuments historiques tels que Pearl Harbor, qui est importante en raison des tristes événements du 7 décembre 1941. Le mémorial de l'USS Arizona rend un triste respect à ceux qui sont morts lors de l'assaut et rappelle l'histoire de la ville. participation cruciale à la Seconde Guerre mondiale.

Le Bishop Museum est une mine de trésors sur l'histoire hawaïenne et le patrimoine polynésien pour les personnes en quête d'expériences culturelles. Il abrite une vaste collection d'objets, de papiers et d'expositions qui mettent en valeur la riche tapisserie culturelle des îles. Le palais Iolani, ancienne maison royale transformée en musée, plonge les visiteurs dans l'histoire royale d'Hawaï en offrant un aperçu du patrimoine de la monarchie.

La culture culinaire d'Honolulu est également diversifiée, avec une combinaison de goûts hawaïens et d'influences étrangères. La ville s'adresse à une grande variété de goûts, des food trucks locaux proposant des plats de déjeuner avec du loco moco aux restaurants haut de gamme servant une cuisine du Pacifique.

Le magnifique environnement naturel d'Honolulu encourage également l'exploration. Les amateurs de randonnée pourront explorer des sentiers tels que le Diamond Head Summit Trail, qui récompense les visiteurs avec des vues panoramiques sur la métropole et l'océan. La réserve naturelle de Hanauma Bay propose de la plongée en apnée parmi la vie marine colorée dans un cratère volcanique abrité.

Honolulu, la ville paradisiaque d'Hawaï, enchante les touristes par sa magnifique combinaison de beauté naturelle, d'importance historique et de diversité culturelle. Honolulu offre une escapade exquise au cœur du paradis, que ce soit en se prélassant au soleil sur la plage de Waikiki ou en plongeant dans le patrimoine de la ville à Pearl Harbor.

## Quels facteurs contribuent à la popularité d'Hawaï en tant que destination touristique ?

L'attrait d'Hawaï en tant que destination touristique peut être attribué à sa magnifique beauté naturelle, à ses paysages variés, à sa culture vivante et à sa grande variété d'activités de loisirs. Le magnifique environnement tropical de l'archipel, qui comprend des montagnes volcaniques, des cascades jaillissantes et des plages immaculées, constitue un attrait important. Les visiteurs sont attirés par les paysages inhabituels des îles, qui vont des volcans actifs de la Grande Île aux vallées verdoyantes de Kauai.

Un autre attrait est l'environnement tropical doux toute l'année, qui offre un refuge aux personnes en quête de soleil, de plage et de mer. Les mers attrayantes autour d'Hawaï sont un paradis pour les amoureux de l'eau, avec des possibilités de plongée en apnée, de plongée sous-marine, de surf et bien plus encore. La magnifique vie marine, qui comprend des récifs coralliens aux couleurs vives et une grande variété d'espèces de poissons, ajoute au charme.

Le riche héritage culturel d'Hawaï joue un rôle important pour attirer les visiteurs. Les îles célèbrent une combinaison distincte de coutumes hawaïennes et d'influences immigrées, ce qui donne naissance à une tapisserie culturelle représentée dans la musique, la danse, l'art et la gastronomie. Les visiteurs peuvent participer à des luaus traditionnels, visiter des lieux historiques comme Pearl Harbor et interagir avec les sympathiques résidents locaux.

L'esprit Aloha, une idéologie culturelle mettant l'accent sur la convivialité, la paix et la compassion, ajoute à l'expérience globalement favorable des voyageurs. La nature chaleureuse des habitants aide les touristes à se sentir accueillis et contribue à créer un environnement accueillant.

De plus, l'engagement d'Hawaï à protéger ses ressources naturelles via des initiatives de conservation et des pratiques de tourisme durable séduit les visiteurs soucieux de l'environnement. L'engagement des îles à préserver l'intégrité de leurs écosystèmes augmente leur attractivité auprès des personnes à la recherche de choix touristiques éthiques et respectueux de l'environnement.

En conclusion, le succès d'Hawaï en tant que destination touristique peut être attribué à sa beauté naturelle inégalée, à ses paysages diversifiés, à sa riche histoire culturelle et à sa multitude d'activités récréatives, le tout enveloppé dans l'étreinte amoureuse de l'esprit Aloha.

De plus, le vaste choix d'hôtels d'Hawaï, allant des complexes somptueux aux chambres d'hôtes accueillantes, séduit un large éventail d'intérêts et de budgets. L'engagement de l'industrie hôtelière à offrir un service de classe mondiale contribue à offrir une expérience globalement favorable aux clients.

Un autre aspect de l'attractivité d'Hawaï est l'attrait de l'aventure. Des itinéraires de randonnée offrant des vues époustouflantes, des vagues difficiles dans des zones de surf célèbres et de magnifiques vols en hélicoptère pour admirer les paysages des îles d'en haut sont autant d'options pour les amateurs de plein air. Hawaï est un endroit populaire pour les amateurs d'aventure en raison de l'esprit de découverte et de la possibilité de vivre des expériences uniques et uniques.

Les connaisseurs culinaires sont attirés par le mélange de saveurs de la cuisine hawaïenne, inspirée des traditions asiatiques, polynésiennes et américaines. Les marchés locaux, souvent appelés « marchés de producteurs », proposent des fruits tropicaux frais et des plats traditionnels, permettant aux touristes de découvrir les saveurs originales des îles.

De plus, la réputation d'Hawaï en tant que centre d'événements culturels et de festivals toute l'année confère une vivacité à l'expérience touristique. Des défilés animés des festivals Aloha à la célébration du hula et des chants du Merrie Monarch Festival, les voyageurs peuvent s'immerger dans la richesse de la culture hawaïenne.

Enfin, le succès d'Hawaï en tant que destination touristique découle d'une combinaison harmonieuse de beauté naturelle, de richesse culturelle, de convivialité et d'une variété d'options de loisirs. Qu'il s'agisse de loisirs sur de belles plages, d'aventures exaltantes ou de savourer une tapisserie culturelle distincte, Hawaï offre une expérience diversifiée qui continue de fasciner et d'attirer les touristes du monde entier.

## Excellente histoire et culture

**La riche histoire et la culture d'Hawaï sont fortement ancrées dans l'origine polynésienne. Les Polynésiens, probablement originaires des îles Marquises, habitaient ces îles il y a environ 1 500 ans. La culture hawaïenne était divisée en chefferies, chacune avec ses propres coutumes et traditions.**

**La visite du capitaine James Cook en 1778 marqua le début de l'interaction européenne. Depuis la création du Royaume d'Hawaï jusqu'à son annexion définitive par les États-Unis en 1898, les îles ont connu des changements considérables au cours du XIXe siècle.**

**La culture hawaïenne se distingue par la danse hula, la musique de guitare détendue et les festivals animés tels que Merrie Monarch. La langue hawaïenne, « lelo Hawai'i », renaît, soulignant la nécessité de maintenir l'identité autochtone.**

Les îles abritent également des lieux saints tels que des bateaux de voyage polynésiens. Hawaï moderne est un endroit unique et intéressant car il présente une combinaison de son héritage traditionnel et de ses influences variées.

## Une musique passionnante

Avec sa culture vivante et sa riche tradition musicale, Hawaï offre un kaléidoscope de musique palpitante qui capture l'essence des îles. Le ukulélé, petit instrument à quatre cordes qui respire le plaisir et la chaleur, est au centre de la musique hawaïenne. Les belles mélodies générées par des joueurs de ukulélé expérimentés emmènent les auditeurs sur les plages de sable fin, créant un environnement de bonheur et d'insouciance.

La musique hula donne un aspect dramatique à la scène musicale lorsqu'elle est accompagnée du déhanchement rythmique des danseurs de hula traditionnels. Le son des chants anciens, ou « oli », révèle le lien étroit entre les Hawaïens et leurs origines ancestrales. Ces chants, souvent accompagnés d'instruments rythmés comme des tambours et des gourdes, racontent des histoires sur les îles et commémorent leur histoire et leurs traditions.

La guitare Slack-key, un style distinct qui se distingue par des accords ouverts et des méthodes de fingerpicking, doit être incluse lors de la discussion sur la musique hawaïenne. Les notes profondes et résonnantes de la guitare molle génèrent un sentiment de paix, encourageant les auditeurs à se délecter de la grandeur des paysages et des coutumes d'Hawaï.

La musique hawaïenne moderne a adopté la fusion des genres, fusionnant des sons traditionnels avec des éléments modernes. Des artistes comme Israel Kamakawiwo'ole, connu pour sa version émouvante de « Over the Rainbow », ont valu à la musique hawaïenne une renommée mondiale. Les délicates voix de fausset et les paroles lyriques des artistes contemporains continuent d'attirer les auditeurs, produisant un environnement musical dynamique qui englobe à la fois le passé et le présent.

La musique est plus qu'une simple forme d'art à Hawaï ; c'est une célébration de la vie, de la nature et du tissu culturel distinctif des îles. La musique hawaïenne invite tout le monde à s'engager dans la danse paisible de l'esprit Aloha, qu'il s'agisse du grattage vibrant d'un ukulélé, des rythmes rythmés des tambours hula ou des sons lyriques d'une guitare molle.

## Des structures époustouflantes

Hawaï offre une combinaison distincte de beauté naturelle et de merveilles architecturales qui contribuent à ses paysages à couper le souffle. Si les îles sont connues pour leurs belles plages et leur flore luxuriante, l'architecture ajoute une touche unique. L'architecture hawaïenne traditionnelle se distingue par des conceptions à ciel ouvert qui mettent l'accent sur l'harmonie avec l'environnement. Les anciens temples heiau en sont un exemple frappant, démontrant une grande qualité d'exécution ainsi qu'une valeur culturelle.

L'architecture moderne d'Hawaï se fond harmonieusement dans son environnement, avec des espaces ouverts, d'immenses fenêtres et des concepts de design durable. La tour Aloha à Honolulu est un monument historique qui symbolise l'histoire marine d'Hawaï. Le palais Iolani, chef-d'œuvre du centre-ville d'Honolulu, est le seul palais royal sur le territoire américain et présente une combinaison unique d'éléments architecturaux américains et européens.

Avec leurs designs exquis qui s'harmonisent avec le paysage tropical, les complexes hôteliers de luxe situés sur des îles comme Maui et Oahu représentent l'architecture hawaïenne moderne. Les caractéristiques traditionnelles telles que les toits de chaume et les matériaux locaux sont souvent utilisées dans ces constructions, créant un mélange harmonieux de passé et de moderne. Dans l'ensemble, les bâtiments spectaculaires d'Hawaï se fondent dans la beauté naturelle des îles, créant une tapisserie artistique qui captive à la fois les touristes et les locaux.

## Excellents repas et boissons

Le paysage culinaire d'Hawaï est diversifié, avec des goûts inspirés de ses racines polynésiennes, asiatiques et américaines. Le poi (pâte de taro), le saumon et le laulau (porc cuit à la vapeur ou poisson enveloppé dans des feuilles de taro) sont tous des piliers de la cuisine traditionnelle hawaïenne, parfois appelée « cuisine locale ». Explorez la scène colorée des food trucks pour une touche contemporaine proposant une gamme de produits frais et locaux.

Les amateurs de fruits de mer adoreront les nombreux choix océaniques d'Hawaï, qui vont des poké balls exquis avec du poisson cru mariné au mahi-mahi grillé. Dégustez du cochon kalua grillé dans un imu (four souterrain) lors d'un luau hawaïen pour une expérience immersive.

Rafraîchissez-vous avec de délicieux cocktails tropicaux. Essayez un Mai Tai, une boisson traditionnelle hawaïenne, ou sirotez de l'eau de coco pure directement de la source. Des bières artisanales sont disponibles chez les brasseurs locaux et vous pouvez essayer des goûts inhabituels comme le lilikoi (fruit de la passion) et les bières infusées à l'ananas.

Explorez la scène culinaire dynamique d'Honolulu dans le quartier chinois, qui propose un mélange de dim sum traditionnels, de cafés modernes et de marchés de producteurs. Pensez aux restaurants célèbres servant une cuisine du Pacifique en mettant l'accent sur les ingrédients produits localement pour une expérience culinaire de qualité.

Dans l'ensemble, l'excellente cuisine et les boissons d'Hawaï reflètent la riche variété culturelle des îles, faisant de chaque expérience culinaire un voyage gastronomique.

Visitez la côte nord d'Oahu, réputée pour son ambiance décontractée et ses excellents food trucks.

Essayez les camions de crevettes avec des plateaux de crevettes à l'ail ou les bols d'açai avec des fruits tropicaux frais. Matsumoto Shave Ice, qui sert de la glace fraîchement pilée avec une variété de sirops aromatisés, est une visite incontournable pour un plaisir sucré.

Explorez l'arrière-pays de Maui pour une expérience de la ferme à la table, où vous pourrez consommer des légumes biologiques et des viandes élevées localement. Goûtez des fruits inhabituels comme le ramboutan et le litchi sur les marchés de producteurs. Le riche environnement agricole de Maui est un délice sensoriel.

Dînez dans un cadre magnifique sur Kauai, la « Garden Isle », et dégustez des crêpes au taro ou des smoothies pour le petit-déjeuner. La concentration de l'île sur les techniques agricoles respectueuses de l'environnement garantit que vos repas sont non seulement savoureux mais aussi sains.

N'oubliez pas le dessert ! Les Malasadas, ou pâte frite à la portugaise, sont un délice que l'on trouve partout dans les îles. Pour une touche tropicale sur un délice traditionnel, pensez à la tarte au haupia, à la tarte à la crème de noix de coco ou au cheesecake lilikoi.

L'offre culinaire d'Hawaï célèbre les cuisines locales, la variété culturelle et l'attitude Aloha, que vous visitiez les rues animées de Honolulu ou les paysages tranquilles des îles périphériques. Chaque bouchée et chaque boisson racontent l'histoire des îles et la gentillesse de ses habitants.

## Beaux parcs et jardins

Hawaï possède une mosaïque de parcs et de jardins, chacun reflétant les écosystèmes distincts et le riche passé culturel des îles. Le jardin botanique tropical d'Hawaï, situé sur la côte de Hamakua, est un trésor caché. Cette oasis verdoyante se déploie comme un musée vivant, présentant plus de 2 000 variétés de plantes tropicales, des fleurs éclatantes et des palmiers imposants. Les visiteurs sont plongés dans une symphonie de couleurs et d'odeurs alors qu'ils se promènent dans ce paradis luxuriant, avec des points forts tels que les chutes de Onomea et l'étonnante exposition d'orchidées.

Visitez la vallée de Waimea à Oahu, où nature et culture se mélangent parfaitement. Le Waimea Valley

Audubon Centre est un refuge pour les plantes et les animaux hawaïens en voie de disparition. Les visiteurs peuvent explorer les jardins botaniques, où ils peuvent voir une flore rare comme l'hibiscus et découvrir la valeur culturelle de la vallée en visitant d'anciens sites archéologiques. La visite se termine par les magnifiques chutes de Waimea, qui invitent à un plongeon rafraîchissant dans la splendeur tropicale.

Le parc national des volcans d'Hawaï, sur la Grande Île, offre une vue inégalée sur le passé volcanique d'Hawaï. Les étranges panoramas formés par le souffle enflammé du Kilauea et du Mauna Loa se déploient ici. Crater Rim Drive offre une vue panoramique sur la caldeira du Kilauea, tandis que les sentiers emmènent les visiteurs aventureux à travers des forêts tropicales luxuriantes et des plaines de lave austères. Le Thurston Lava Tube propose une aventure souterraine fascinante qui met en valeur les trésors naturels d'Hawaï.

Le jardin botanique Foster à Honolulu est une oasis urbaine dédiée à la conservation de l'histoire botanique d'Hawaï. Il s'agit du plus ancien jardin botanique de l'État, créé dans les années 1850. Les visiteurs sont captivés par les arbres imposants, un jardin de papillons et un vallon préhistorique, tandis que la collection d'arbres exceptionnels comprend des géants qui ont vu des millénaires de l'histoire d'Hawaï.

La splendeur spectaculaire des jardins Allerton et McBryde de Kauai vous attire. Ces jardins, situés dans la vallée de Lawai, mélangent sans effort art et nature. Une ambiance fascinante est créée avec des jeux d'eau, des sculptures et un immense figuier de Moreton Bay connu sous le nom d'arbre Jurassic Park.

Ces parcs et jardins d'Hawaï tissent une histoire de merveilles naturelles, d'importance culturelle et de beauté spectaculaire, encourageant les visiteurs à s'immerger dans le tissu complexe des îles.

## Musées d'histoire et galeries d'art

Hawaï possède un riche héritage culturel, visible dans ses musées historiques et ses galeries d'art. Le Bishop Museum d'Honolulu est une institution importante qui expose des antiquités hawaïennes et du Pacifique. Le Honolulu Museum of Art possède une vaste collection comprenant des œuvres classiques et modernes. Le palais d 'Iolani, restauration vivante de la monarchie hawaïenne, est à ne pas manquer. Le musée d'art de l'État d'Hawaï à Honolulu est un incontournable pour goûter à l'art moderne local. Ces lieux offrent une visite passionnante à travers l'histoire d'Hawaï et les manifestations créatives contemporaines.

Outre les institutions bien connues, les îles hawaïennes abritent un certain nombre de musées historiques et de galeries d'art importants. Le Lyman Museum et la Mission Housse de Hilo racontent l'héritage des missionnaires de l'île, tandis que le Maui Arts & Cultural Center est un lieu dynamique pour les arts visuels et du spectacle.

Le musée de Kauai, sur l'île de Kauai, présente l'histoire, l'art et la culture de l'île, donnant une image complète de l'héritage distinctif de Kauai. Pendant ce temps, la Lahaina Arts Society de Maui offre aux artistes locaux un lieu où ils peuvent exposer leurs œuvres sur divers supports.

L'exploration de ces musées et galeries donne non seulement un aperçu du passé unique d'Hawaï, mais permet également aux visiteurs d'apprécier la culture créative vivante et changeante qui prospère dans ce bel environnement. Que vous soyez intéressé par les objets traditionnels hawaïens, l'art moderne ou l'histoire des lieux historiques d'Hawaï, les musées et galeries des îles ont quelque chose pour tout le monde.

## Qui devrait aller à Hawaï ?

Hawaï est un endroit qui attire une grande variété de personnes en raison de ses paysages magnifiques, de sa culture diversifiée et de ses attractions distinctives. Les amoureux de la nature seront au paradis parmi les jungles luxuriantes, les cratères volcaniques et les magnifiques plages. Les randonneurs et les aventuriers peuvent explorer les sentiers du Waimea Canyon ou affronter les pentes volcaniques du Mauna Loa. Les belles plages attirent les baigneurs, les surfeurs et les plongeurs en apnée, tandis que les brillants récifs coralliens sous la mer claire attirent les plongeurs.

La riche histoire polynésienne, représentée à travers la danse, la musique et l'art traditionnel, fascinera les amateurs de culture. Les passionnés d'histoire pourront se plonger dans l'histoire de Pearl Harbor, où les artefacts de la Seconde Guerre mondiale servent de rappels déchirants. Les gourmands apprécieront la combinaison distincte de goûts de la cuisine hawaïenne, inspirée des traditions culinaires asiatiques, pacifiques et occidentales.

Les familles à la recherche de vacances réussies peuvent découvrir une variété d'activités allant de l'exploration des tunnels de lave à l'assistance à des luaus passionnants. Avec des possibilités allant des dîners sur la plage privée aux vols en hélicoptère au-dessus des îles, les vacances romantiques sont renforcées sur fond de magnifiques couchers de soleil.

La détente peut être trouvée dans de magnifiques complexes hôteliers, dans des spas revitalisants et dans l'ambiance calme des îles. Les retraites de yoga, les massages en bord de mer et les cours de méditation offrent un répit paisible face au stress de la vie quotidienne.

Les teintes vives de la flore tropicale, les cascades imposantes et les paysages volcaniques spectaculaires excitent les photographes et les peintres. Les îles offrent une toile de plaisirs pittoresques qui inspirent la créativité et l'imagination.

Hawaï est une destination pour tous ceux qui recherchent une combinaison unique de beauté naturelle, de richesse culturelle et d'expériences diverses. Le charme d'Hawaï s'étend sur plusieurs segments démographiques, ce qui en fait un lieu qui accueille ceux qui recherchent le paradis sur Terre, qu'il s'agisse d'une aventure individuelle, de vacances en famille, d'une retraite romantique ou d'une excursion de groupe.

## Les amateurs de musique

Hawaï est un paradis musical où les rythmes rythmiques des îles touchent une corde sensible dans le cœur des mélomanes ardents. L'industrie musicale dynamique et diversifiée d'Hawaï reflète la mosaïque culturelle unique de sa population, fusionnant les sons polynésiens traditionnels avec des influences d'Asie, d'Europe et des Amériques.

Les jolis accords du ukulélé et les mélodies apaisantes de la guitare molle créent une ambiance insulaire réaliste qui emmène les auditeurs vers les côtes sablonneuses et les paysages luxuriants d'Hawaï. Les danses Hula accompagnées de rythmes de tambours traditionnels apportent une profondeur visuelle et rythmique à l'expérience musicale, époustouflant les auditeurs par l'élégance et la narration de cette forme d'art ancien.

La musique hawaïenne contemporaine s'est élargie pour inclure un large éventail de styles, allant des chansons infusées de reggae à la pop actuelle avec une saveur locale unique. Des musiciens emblématiques tels qu'Israel Kamakawiwo'ole et les Makaha Sons ont eu une influence éternelle sur le paysage musical mondial, faisant découvrir au monde le son distinctif d'Hawaï.

Les événements musicaux, comme le festival annuel Merrie Monarch, attirent des gens de partout dans les îles et au-delà pour célébrer l'esprit aloha à travers le chant et la danse. Les amateurs de musique hawaïenne sont satisfaits des différents sons qui reflètent la fierté culturelle et la beauté naturelle des îles, qu'ils profitent d'un spectacle décontracté au coucher du soleil sur la plage de Waikiki ou qu'ils se plongent dans les rythmes frénétiques d'un luau local. L'ambiance Aloha imprègne les airs, créant un lien éternel entre les gens et la musique qui caractérise l'essence d'Hawaï.

## Chercheurs d'aventure

Hawaï, paradis du Pacifique, attire les aventuriers avec ses paysages variés, sa culture vivante et sa beauté naturelle inégalée. Cet archipel offre une multitude d'expériences aux personnes à la recherche d'excursions exaltantes, de la splendeur volcanique de la Grande Île aux forêts tropicales luxuriantes de Kauai.

Les volcans actifs d'Hawaï offrent aux amateurs d'adrénaline une occasion unique d'observer la puissance brute de la Terre. La lumière brillante de la lave en fusion coulant dans l'océan est un spectacle époustouflant, et se promener sur des champs de lave durcis procure une sensation surnaturelle d'un autre monde.

Les mers cristallines d'Hawaï constituent un refuge pour les amateurs d'eau. Surfer sur la côte nord d'Oahu, où des vagues gigantesques mettent à l'épreuve même les surfeurs les plus expérimentés, est une activité exaltante. La plongée en apnée sur les spectaculaires récifs coralliens du cratère Molokini montre un royaume sous-marin rempli de vie marine colorée, ajoutant de l'étonnement à l'esprit d'exploration.

Les profondes forêts tropicales d'Hawaï prospèrent au milieu d'une végétation luxuriante et offrent un sanctuaire aux randonneurs et aux amoureux de la nature. Les aventuriers de la côte Na Pali peuvent suivre des sentiers comme celui de Kalalau à travers des vallées verdoyantes, des falaises imposantes et des plages cachées, les récompensant par des vues spectaculaires et un sentiment d'accomplissement.

Les luaus traditionnels célèbrent l'histoire polynésienne en plongeant les invités dans les rythmes rythmés des danses hula, les magnifiques sons des ukulélés et les odeurs alléchantes de la cuisine locale. Participer à des événements culturels tels que la fabrication de colliers ou apprendre l'art ancien de l'observation des étoiles relie les aventuriers au riche patrimoine de ces îles.

Enfin, avec ses paysages spectaculaires et sa richesse culturelle, Hawaï est le meilleur endroit pour les personnes en quête d'aventure. Hawaï offre une expérience incroyable pour les aventuriers dans l'âme, qu'il s'agisse de gravir des cratères de volcan, de surfer sur les vagues ou de plonger au cœur de forêts tropicales luxuriantes.

## Les gourmands

**Hawaii Foodies est un groupe culinaire dynamique et varié qui célèbre la riche combinaison de cultures qui façonnent le paysage gastronomique des îles hawaïennes. La scène culinaire hawaïenne reflète**

l'histoire variée de l'archipel, avec une combinaison unique d'influences asiatiques, polynésiennes et américaines.

Le Poke, un repas de poisson cru assaisonné d'une variété d'épices savoureuses, illustre l'approche fraîche et imaginative des ingrédients classiques. De nombreux repas bénéficient de l'ajout de fruits tropicaux comme l'ananas et la noix de coco. Les gourmets d'Hawaï apprécient les produits locaux et durables, ce qui contribue au mouvement de la ferme à la table des îles.

Le déjeuner à l'assiette, un repas décontracté combinant des composants asiatiques et américains, est un des gourmets d'Hawaï. Ce repas riche et copieux comprend souvent du poulet teriyaki, une salade de macaronis et deux boules de riz, montrant la combinaison de saveurs unique qui distingue la cuisine réconfortante hawaïenne.

Les gourmets d'Hawaï profitent également de l'expérience unique de visiter les festivals et marchés gastronomiques locaux, où ils peuvent goûter à un large éventail de plaisirs gastronomiques. Ces événements offrent aux chefs et aux amateurs de gastronomie l'occasion de démontrer leurs capacités et d'expérimenter de nouveaux goûts, tout en développant un sentiment de communauté parmi les personnes intéressées par les arts culinaires.

De plus, l'attitude Aloha imprègne la culture culinaire, promouvant l'hospitalité et le partage des repas comme formes de connexion. Qu'il s'agisse d'un festin traditionnel de luau ou d'un voyage sur la scène en pleine expansion des food trucks, les gourmets d'Hawaï sont toujours à la recherche de rencontres délicieuses qui capturent l'essence de ces îles fascinantes.

## Ceux qui recherchent une pause

Hawaï, paradis tropical de l'océan Pacifique, accueille les voyageurs en quête de loisirs inégalés. Son environnement calme, agrémenté de plages bordées de palmiers, d'épaisses forêts tropicales et de sommets volcaniques, offre un environnement merveilleux propice à la paix et à la tranquillité. Le doux murmure des vagues de l'océan et le murmure de l'air à travers les palmiers qui se balancent créent le ton d'une escapade relaxante.
Les visiteurs en quête de détente peuvent profiter de l'étreinte thérapeutique des mers chaudes et cristallines d'Hawaï. L'eau devient un terrain de jeu paisible pour récupérer, que ce soit en vous

allongeant sur le sable lisse de la plage de Waikiki ou en profitant de la vie marine abondante en faisant de la plongée avec tuba dans la baie de Hanauma.

Les techniques hawaïennes traditionnelles coexistent avec le confort du spa contemporain dans une variété d'établissements de santé autour des îles. Les massages Lomi Lomi, basés sur les traditions de guérison traditionnelles hawaïennes, offrent une expérience complète et complètement relaxante qui fait disparaître le stress et les tensions. Les cours de yoga dans un paysage volcanique offrent une combinaison unique de pleine conscience et de beauté naturelle.

La végétation luxuriante de Garden Île de Kauai offre un havre de paix propice à la méditation. Faire une randonnée le long des falaises verdoyantes de la côte de Na Pali ou découvrir la splendeur éthérée du canyon de Waimea inspire l'étonnement et la tranquillité.

Les couchers de soleil à couper le souffle d'Hawaï peignent le ciel de couleurs orange et rose alors que le soleil se couche sous l'horizon, produisant un spectacle fascinant. Les nuits d'Hawaï inspirent une méditation sereine, que ce soit en dégustant un cocktail tropical sur les plages de Maui ou en observant les étoiles au sommet du Mauna Kea, ce qui en fait l'endroit idéal pour tous ceux qui recherchent une retraite vraiment tranquille.

## Ceux qui aiment visiter le marché de Noël

Pour ceux qui aiment célébrer les fêtes de fin d'année dans un paradis tropical, les marchés de Noël d'Hawaï offrent une expérience unique et fascinante. Ces marchés, contrairement aux merveilles hivernales typiques, sont remplis de l'esprit aloha, résultant en une combinaison unique de culture hawaïenne et de bonheur de Noël.

L'arôme des fleurs tropicales et le bruit relaxant des vagues de l'océan accueillent les visiteurs, offrant un changement bienvenu par rapport aux vues enneigées habituelles associées à Noël. Les marchés proposent une sélection variée de produits locaux, de décorations artisanales et de friandises traditionnelles hawaïennes pour les fêtes. Chaque objet, des colliers minutieusement tissés aux décorations flashy de planches de surf, illustre la riche variété culturelle des îles.

La fusion de la musique traditionnelle hawaïenne avec les chants de Noël est l'un des points forts, produisant un joli mélange de mélodies qui capturent l'esprit. Les participants peuvent se balancer au rythme des danseurs de hula vêtus de costumes de fête, apportant un peu de saveur polynésienne aux célébrations.

Les délices gastronomiques de ces marchés sont un véritable régal pour les sens. Les fruits tropicaux occupent une place centrale dans des recettes exubérantes, accentuées par les goûts traditionnels hawaïens. Les ingrédients locaux et les plats inspirés de l'île culminent dans un festin de Noël délicieux et unique en son genre.

L'ambiance détendue de l'île favorise un sentiment de communauté et de convivialité, avec la famille et les amis se réunissant pour partager le plaisir de la saison. Le Père Noël, vêtu d'une chemise hawaïenne et de tongs, apporte une touche fantaisiste en écoutant les vœux de Noël des keiki (enfants) sur fond de palmiers qui se balancent.
Ceux qui aiment les marchés de Noël à Hawaï ont droit à des festivités pas comme les autres. C'est un magnifique mélange de traditions de Noël et d'esprit Aloha, créant des souvenirs inoubliables au milieu de la splendeur tropicale du Pacifique.

# Chapitre 2

## Planification de voyage à Hawaï

Préparez votre voyage hawaïen en vous préparant à l'avance et en accordant une attention particulière aux détails. Commencez par étudier les îles pour voir lesquelles correspondent à vos loisirs et goûts. Chaque île possède ses propres paysages, activités et expériences culturelles, alors planifiez votre voyage en conséquence.

Vérifiez les prévisions météorologiques pour les dates de votre voyage et faites vos valises en conséquence. Hawaï a un climat tropical en général, mais les températures peuvent varier selon les îles et les régions. Apportez des vêtements légers, un maillot de bain et de la crème solaire pour vous protéger des rayons du soleil.

Obtenez les documents pertinents, tels qu'une pièce d'identité valide et tout permis de voyage applicable. Si vous souhaitez louer un véhicule, assurez-vous d'avoir un permis de conduire en cours de validité. Pensez à souscrire une assurance voyage pour couvrir les circonstances imprévues comme les annulations de voyage ou les problèmes médicaux.

**Planifiez à l'avance votre hébergement, qu'il s'agisse d'une station balnéaire, d'un Airbnb pittoresque ou d'un bed & breakfast hawaïen classique. Les destinations populaires comme Waikiki à Oahu et Lahaina à Maui peuvent se remplir rapidement, il est donc essentiel de réserver tôt.**

**Établissez un budget pour vos vacances en tenant compte de l'hébergement, du transport, de la nourriture et des activités. Même si certaines excursions peuvent être coûteuses, il existe de nombreuses façons gratuites ou peu coûteuses de découvrir la beauté naturelle des îles.**

**Pour enrichir votre expérience culturelle et interagir avec les habitants, apprenez quelques mots hawaïens fondamentaux. Respectez les normes et traditions de la région, comme enlever vos chaussures avant d'entrer chez quelqu'un.**

**Planifiez vos activités, qu'il s'agisse d'une randonnée jusqu'au sommet de Haleakala, de plongée en apnée dans la baie de Hanauma ou d'assister à un luau traditionnel. Lors de votre visite, recherchez les instructions ou limites liées au COVID-19.**

Enfin, apportez un esprit ouvert et un sens de l'aventure pour vraiment profiter de l'esprit aloha. Les paysages variés d'Hawaï, sa culture riche et ses gens sympathiques vous accueillent.

## Quelle est la meilleure période pour visiter Hawaï ?

Le moment optimal pour visiter Hawaï est déterminé par une variété de critères, notamment les préférences météorologiques, les préoccupations économiques et le type d'activités auxquelles vous aimez participer. Hawaï à des températures agréables toute l'année, ce qui en fait un voyage populaire à tout moment de l'année. Il y a cependant certaines particularités à considérer.

1. Météo :

Été (juin à septembre) : C'est la saison la plus fréquentée par les touristes. Le temps est chaud et sec, ce qui le rend idéal pour les amateurs de plage et les sports nautiques. N'oubliez pas que les coûts sont plus élevés à cette période de l'année et que les sites populaires peuvent être plus fréquentés.

**Automne (octobre-novembre)** : Le temps reste favorable et les prix peuvent commencer à baisser. C'est une période idéale pour les activités de plein air et visiter les îles car il y a moins de monde.

**Hiver (décembre à février)** : Même si le temps reste agréable, cette saison apporte une augmentation des pluies et un risque de fortes vagues sur les côtes nord. Cependant, c'est une excellente période pour observer les baleines, surtout en janvier et février.

**Printemps (mars à mai)** : Le printemps offre une excellente combinaison de beau temps et de moins de visiteurs. C'est le moment idéal pour faire du trekking et apprécier la beauté naturelle des îles.

2. Budget :

**Hors saison** : visitez pendant les saisons intermédiaires (printemps et automne) pour des hébergements plus bon marché et des réductions probables sur les activités.
**Saisons des fêtes** : les prix peuvent augmenter pendant les grandes vacances, alors planifiez à l'avance pour éviter de payer des prix de pointe.
3. Fêtes et événements :

Événement Merrie Monarch (avril) : Si vous êtes intéressé par le hula et la culture hawaïenne, avril est le moment idéal pour visiter la Grande Île pour cet événement bien connu.

Festivals Aloha (septembre) : ce festival célèbre la musique, la danse et l'histoire hawaïennes et se déroule dans toutes les îles.

4. Loisirs de plein air :

Surf : L'hiver produit des vagues plus grosses qui attirent les surfeurs. L'été est idéal pour les novices grâce aux vagues plus calmes.

Randonnée : Les saisons du printemps et de l'automne sont idéales pour découvrir les différents paysages d'Hawaï.

Enfin, le moment optimal pour visiter Hawaï est déterminé par les intérêts et priorités personnels. Comprendre les différences de chaque saison peut vous aider à planifier de merveilleuses vacances à Hawaï, que vous préfériez les journées ensoleillées à la plage, les événements culturels ou les choix économiques.

## Été (juin-août)

L'été à Hawaï est un paradis tropical qui captive les visiteurs avec ses paysages à couper le souffle, sa culture vibrante et son hospitalité chaleureuse. Au coucher du soleil, une symphonie de couleurs se déploie : le ciel azur, les palmiers vert émeraude et l'océan Pacifique saphir créent une toile de fond fascinante pour des expériences inoubliables.

Juin marque le début de la saison estivale à Hawaï, apportant avec lui un ciel clair et des températures douces, ainsi que le doux parfum des fleurs tropicales dans l'air et du sable poudreux et doré sur les plages. C'est le moment idéal pour pratiquer des activités nautiques, du surf sur les vagues légendaires de la Côte-Nord au snorkeling dans les eaux cristallines de la baie de Hanauma.

Le mois de juillet apporte un esprit de fête aux îles, alors que les habitants et les touristes célèbrent le Jour de l'Indépendance avec des feux d'artifice éblouissants et des événements animés. Les soirées chaudes et tropicales sont idéales pour les luaus en bord de mer, où la musique et la danse traditionnelles hawaïennes prennent vie, offrant aux visiteurs une immersion culturelle.

À l'approche du mois d'août, le temps reste agréable, ce qui en fait le moment idéal pour explorer les divers paysages d'Hawaï, des forêts tropicales luxuriantes de Kauai aux merveilles volcaniques de la Grande Île.

Les amoureux de la nature pourront se lancer dans des randonnées vers des cascades cachées, tandis que les amateurs de sensations fortes pourront faire de la tyrolienne au-dessus des vallées verdoyantes.

La migration des baleines à bosse vers les mers hawaïennes coïncide avec les mois d'été, faisant des voyages d'observation des baleines un passe-temps populaire, présentant un spectacle impressionnant alors que ces magnifiques animaux font irruption et s'ébattent dans le Pacifique.

Pendant l'été, la scène culinaire d'Hawaï est un moment fort, avec une abondance de produits frais locaux inspirant une variété de plats délicieux allant des poké balls à la glace pilée. Les saveurs des îles ravissent les papilles et les marchés de producteurs offrent l'occasion de savourer la gamme vibrante de fruits tropicaux et de friandises exotiques.

Un été hawaïen est, par essence, un festin sensoriel : un mélange harmonieux de beauté de la nature, de richesse culturelle et d'hospitalité chaleureuse ; c'est une saison où le temps semble ralentir, permettant aux visiteurs de se plonger dans l'esprit aloha et de créer des souvenirs qui dureront longtemps après le coucher du soleil d'été sur l'horizon du Pacifique.

## La saison hivernale (décembre à février)

L'hiver à Hawaï, qui dure de décembre à février, est différent des merveilles hivernales conventionnelles observées dans les endroits plus froids. Alors que le reste du globe est regroupé en couches, Hawaï bénéficie d'une température douce et agréable pendant cette période.

Le mois de décembre annonce l'arrivée de l'hiver à Hawaï, apportant avec lui un vent doux et des températures qui tournent autour d' agréables 75°F (24°C). Les îles deviennent un refuge pour les personnes cherchant à échapper aux rigueurs hivernales ailleurs. La chaleur accueillante de l'océan est maintenue, ce qui le rend excellent pour la baignade, la plongée en apnée et d'autres sports aquatiques.

Le temps à Hawaï change subtilement à mesure que le mois se poursuit en janvier. Même si les journées sont encore chaudes et agréables, les nuits peuvent apporter un air un peu plus froid, produisant un merveilleux équilibre. C'est la période de l'année où la célèbre côte nord d'Oahu s'anime de grosses vagues, invitant les surfeurs du monde entier à tester leurs talents sur les vagues légendaires.

Février, dernier mois de l'hiver à Hawaï, est une période de changement. Les températures des îles restent agréables, ce qui en fait un moment idéal pour explorer les différents paysages. Les attractions naturelles d'Hawaï vont des jungles luxuriantes et des cascades jaillissantes aux cratères volcaniques et aux plages magnifiques.

Les mois d'hiver coïncident également avec la saison des baleines à bosse, ce qui ajoute au frisson de l'expérience hawaïenne. Ces animaux étonnants se déplacent vers les mers chaudes autour des îles pour s'accoupler et mettre bas, offrant ainsi des possibilités exceptionnelles d'observation des baleines.

Hawaï célèbre la saison de Noël avec des coutumes et des festivités distinctives. Les villes sont ornées de décorations festives et les communautés locales célèbrent avec de la musique, des danses et des fêtes traditionnelles. Durant cette saison, l'esprit Aloha brille de mille feux, invitant les touristes à découvrir la chaleur de l'hospitalité hawaïenne.

Essentiellement, l'hiver hawaïen est une belle combinaison de temps modéré, d'expériences en plein air, d'événements culturels et de beauté naturelle. Que vous recherchiez la tranquillité sur des plages ensoleillées ou des sports qui font monter l'adrénaline parmi les vagues, l'hiver hawaïen offre un paradis tropical qui contraste fortement avec les climats plus froids rencontrés ailleurs au cours de cette saison.

## Comment voyager à Hawaï

Il existe deux façons de se rendre à Hawaï : en avion ou en bateau. Compte tenu de l'éloignement des îles de l'océan Pacifique, le transport aérien est le mode de transport le plus populaire et le plus efficace.

Pour commencer, vous devez planifier un vol vers l'un des principaux aéroports d'Hawaï, notamment l'aéroport international d'Honolulu (HNL) à Oahu, l'aéroport de Kahului (OGG) à Maui, l'aéroport international de Kona (KOA) sur la grande île et l'aéroport de Lihue (LIH). ) à Kauai. De nombreuses compagnies aériennes étrangères desservent directement ces aéroports, mais vous devrez peut-être vous connecter via une grande ville américaine.

Les voyages inter-îles sont possibles après votre arrivée à Hawaï via des transporteurs locaux tels que les transporteurs hawaïens, Mokulele Airlines ou Southwest Airlines. Ces compagnies aériennes volent régulièrement entre les îles principales, vous permettant de visiter différents endroits de l'État.

Vous pouvez consulter les choix de croisières si vous souhaitez un voyage plus tranquille. Certaines compagnies de croisière proposent des itinéraires comportant des escales sur différentes îles hawaïennes. Les croisières partent généralement des États-Unis. La traversée du Pacifique peut durer plusieurs jours et offre une approche unique et spectaculaire des îles.

Les amateurs de voile peuvent également louer des yachts ou des bateaux privés, en tenant compte des longues distances et des obstacles liés à la traversée du Pacifique.

Quel que soit le mode de transport que vous choisissez, il est important de planifier et de réserver à l'avance, en particulier pendant les hautes saisons de voyage. Vérifiez les normes COVID-19, les limitations de voyage et les exigences en matière de documents.

En bref, aller à Hawaï, c'est réserver un billet pour l'un de ses principaux aéroports, rechercher des alternatives de voyage inter-îles, rechercher des itinéraires de croisière ou se lancer dans une expédition à la voile si vous recherchez quelque chose d'un peu différent.

## Télécharger la carte hors ligne d'Hawaï

**Bien sûr, voici un guide rapide pour obtenir la carte hors ligne d'Hawaï :**

**Suivez ces étapes simples pour télécharger la carte hors ligne d'Hawaï et avoir accès à des cartes complètes même lorsque vous n'avez pas de connexion Internet.**

**Lancez l'App Store ou le Google Play Store :**

**Ouvrez l'App Store sur votre iPhone ou iPad si vous êtes un utilisateur iOS. Les utilisateurs d'Android doivent utiliser leur smartphone pour visiter le Google Play Store.**
**Recherchez l'application Maps :**

Recherchez une application de cartographie fiable prenant en charge les cartes hors ligne. Google Maps, MAPS.ME ou tout autre outil de cartographie choisi sont des options populaires.
Installez l'application :

Appuyez sur l'application souhaitée, puis cliquez sur l'option « Installer » ou « Obtenir ». Pour terminer l'installation, suivez les instructions à l'écran.
Lancez l'application Cartes :

Une fois l'installation terminée, lancez l'application Cartes sur votre smartphone.
Recherchez Hawaï :

Pour trouver l'état d'Hawaï, utilisez le champ de recherche de l'application. Déterminez les îles ou les endroits que vous souhaitez visiter.
Téléchargement de cartes hors ligne :

Pour découvrir la fonction de cartes hors ligne, rendez-vous dans le menu des paramètres ou des options de l'application. Ceci se trouve souvent sous « Cartes hors ligne » ou « Télécharger des cartes ».
Choisissez Hawaï :

Sélectionnez la région d'Hawaï que vous souhaitez enregistrer pour une utilisation hors ligne. Vous

pourrez peut-être choisir des îles entières ou des sections particulières en fonction de l'application.
Confirmez et téléchargez :

Lancez le téléchargement et confirmez votre choix. Assurez-vous que votre appareil dispose de suffisamment d'espace de stockage pour la carte hors ligne.
Attendez la fin du téléchargement :

Le temps de téléchargement variera en fonction de la taille de la carte choisie et de la vitesse de votre connexion Internet. Attendez la fin de la procédure.
Utiliser des cartes hors ligne :

Vous pouvez utiliser la carte hors ligne d'Hawaï sans connexion Internet après son téléchargement. Ceci est particulièrement utile lorsque vous voyagez dans des endroits éloignés ou lorsque vous n'avez pas accès aux données mobiles.
Vous pouvez désormais profiter en toute confiance de la splendeur d'Hawaï, sachant que votre carte hors ligne vous guidera à travers les paysages à couper le souffle et la culture unique des îles.

## Utiliser Google Maps

Hawaii, un paradis aux paysages variés et d'une beauté magnifique, peut être visité et parcouru facilement avec Google Maps. Que vous planifiiez un magnifique road trip sur la Hana Highway, que vous recherchiez les meilleurs spots de surf sur la côte nord d'Oahu ou que vous recherchiez des joyaux cachés sur les îles, Google Maps est votre meilleur ami.

Commencez votre aventure en recherchant des destinations particulières, telles que des sites touristiques importants tels que Diamond Head ou des plages isolées, loin des pièges à touristes. La fonction Street View complète vous permet de vous promener pratiquement dans les rues animées et de vous immerger dans la culture locale avant de mettre le pied sur les îles.

Google Maps peut vous aider à planifier vos voyages en optimisant les itinéraires afin de gagner du temps et d'augmenter les attractions. Des itinéraires de randonnée et des points de vue pittoresques peuvent être découverts lorsque vous explorez le terrain varié des paysages volcaniques d'Hawaï. Utilisez les mises à jour du trafic en temps réel pour parcourir efficacement les rues bondées de Honolulu ou les ruelles calmes de Kauai.

La fonction « Explorer » de l'application propose des restaurants, attractions et activités locales en fonction de vos choix. En toute simplicité, découvrez la cuisine traditionnelle hawaïenne ou les cascades cachées. La facilité des cartes hors ligne vous permet de rester connecté même lorsque vous vous trouvez dans des régions éloignées où la connectivité Internet est médiocre.
Pour résumer, Google Maps transforme vos vacances hawaïennes en une expérience fluide et bien guidée. Cet outil essentiel vous garantit de profiter au maximum de votre séjour au paradis, de la vie métropolitaine trépidante d'Honolulu à la grandeur isolée des paysages de Maui.

## Où séjourner à Hawaï

Hawaï propose une grande variété d'alternatives d'hébergement pour répondre à une variété de goûts et de budgets. Les îles offrent une large gamme d'hébergements, des complexes hôteliers opulents aux charmants Bed & Breakfasts.

**1. Complexes hôteliers de luxe :** dans des complexes hôteliers de classe mondiale tels que le Four Seasons Resort Hualalai sur la Grande Île et le Grand Wailea à Maui, les clients peuvent faire l'expérience de l'extravagance. Ces complexes offrent souvent des vues imprenables sur l'océan, des plages privées, des installations de spa et des restaurants gastronomiques.

**2. Hôtels de charme :** Pour un environnement plus intime, des hôtels de charme comme The Laylow à Waikiki et l'Hôtel Wailea à Maui offrent un service personnalisé et un décor distinctif qui reflètent souvent la culture et l'esthétique hawaïennes.

**3. Locations de vacances :** Louez un condo ou une maison de vacances pour profiter du confort de votre chez-soi. Airbnb et VRBO proposent un large éventail d'alternatives, des minuscules cottages côtiers aux immenses villas avec piscines privées.

**4. Chambres d'hôtes :** séjournez dans une chambre d'hôtes pour découvrir l'hospitalité hawaïenne, où les hôtes locaux peuvent partager des informations uniques sur la culture et les joyaux cachés de l'île. À Kauai, des endroits comme Hale Ho'o B&B offrent une relation plus directe avec la population locale.

5. Hôtels économiques : Si vous souhaitez économiser de l'argent sans compromettre le confort, il existe de nombreux hôtels et motels économiques disséminés autour des îles. Holiday Inn Express et Best Western en sont deux exemples.

6. Glamping : Envisagez le glamping pour une combinaison unique de luxe et de plaisir en plein air. Profitez de la beauté de la nature sans sacrifier le luxe au Camp Olowalu à Maui ou au Kipuka à Ho'omalu Hia à Oahu.

7. Auberges de jeunesse : Idéales pour les voyageurs solitaires ou ceux qui ont un budget limité, les auberges telles que l'auberge HI Honolulu proposent des logements partagés, des espaces publics et la possibilité de rencontrer d'autres voyageurs.

8. Retraites respectueuses de l'environnement : Le Lumeria Maui, un centre de retraite éducatif mettant l'accent sur la durabilité et le bien-être, est un choix pour les touristes soucieux de l'environnement à Hawaï.

9. Séjourner dans une auberge historique vous permet de vous immerger dans l'histoire d'Hawaï. Sur la Grande Île, par exemple, le Holualoa Inn offre un cadre charmant au milieu des plantations de café.

Que vous choisissiez un luxe opulent ou une expérience plus décontractée, les nombreux hébergements d'Hawaï vous garantissent un séjour merveilleux adapté à vos intérêts.

## Combien de temps dois-je rester ?

La durée de votre séjour à Hawaï est déterminée par vos choix et les îles que vous souhaitez voir. Avec Honolulu et Waikiki, Oahu offre un mélange d'expériences urbaines et balnéaires. Une semaine permet de visiter des sites renommés tels que Pearl Harbor et Diamond Head. Les paysages variés de Maui nécessitent au moins cinq jours pour découvrir Haleakala, la route de Hana et se détendre sur de magnifiques plages.

La splendeur naturelle de Kauai peut nécessiter une semaine ou plus si vous préférez un rythme plus lent. La Grande Île, célèbre pour ses volcans et sa topographie inhabituelle, mérite une semaine pour explorer ses vastes paysages, notamment le parc national des volcans d'Hawaï.

Lors de la planification, gardez à l'esprit vos intérêts en matière d'activités, qu'il s'agisse de sports nautiques, de randonnée ou de découverte culturelle. Le saut d'île en île offre une expérience hawaïenne approfondie si le temps le permet. Enfin, trouvez un juste milieu entre repos et exploration. Un voyage de 10 à 14 jours offre une expérience hawaïenne complète, mais même une brève visite peut vous laisser des souvenirs impérissables de ce paradis tropical.

## Listes de colisage pour Hawaï

Préparez votre voyage hawaïen avec une liste de colisage bien pensée. Pour lutter contre la chaleur insulaire, commencez par des vêtements légers et respirants. Emportez des maillots de bain, des shorts et des t-shirts à séchage rapide pour rester à l'aise pendant les activités nautiques. N'oubliez pas d'apporter un chapeau à larges bords et des lunettes de soleil pour vous protéger du soleil tropical.

Prévoyez de solides chaussures de randonnée pour explorer les nombreux paysages, qu'il s'agisse des sentiers luxuriants de Hana ou des cratères volcaniques du parc national de Haleakala. Emportez une veste légère et imperméable en cas d'averses de pluie inattendues ou de nuits froides.

En raison des belles plages d'Hawaï, apportez un écran solaire sans danger pour les récifs pour protéger à la fois votre peau et l'habitat marin fragile. Incluez un anti-insectes pour les promenades et les soirées en plein air. Une bouteille d'eau réutilisable est essentielle pour rester hydraté, surtout si vous souhaitez explorer les attractions pittoresques d'Hawaï.

Pour protéger vos gadgets de l'eau et du sable, utilisez une coque de téléphone ou un appareil photo étanche pour capturer vos moments. Une banque d'alimentation maintient votre équipement chargé, vous permettant d'enregistrer vos aventures sans interruption.

Pensez à une petite trousse de premiers soins comprenant des produits de première nécessité tels que des bandages, des analgésiques et toute ordonnance personnelle. C'est généralement une bonne idée de se préparer à de petites catastrophes lors d'un voyage.

Prévoyez un bon équipement de plongée avec tuba, car Hawaï offre de fantastiques possibilités de plongée en apnée. Un masque confortable, un tuba et des palmes sont inclus pour explorer l'environnement sous-marin lumineux. Si vous allez surfer, n'oubliez pas d'apporter votre lycra et vos chaussures de récif.

Emportez des vêtements décontractés mais attrayants pour manger et visiter les sites locaux lorsque vous vous déplacez de la plage à la ville. Pour les nuits fraîches, notamment à haute altitude, une veste légère ou un pull est utile.

Enfin, mettez vos affaires dans un sac à dos robuste et résistant à l'eau pour un transport pratique et une protection contre les pluies inattendues. Emportez un sac de courses réutilisable au cas où vous récupérerez des souvenirs tout au long du voyage.

Avec ce forfait complet, vous serez bien préparé pour la variété d'aventures qui vous attendent sur les magnifiques îles d'Hawaï.

# chapitre 3

## Exigences de visa à Hawaï

En tant qu'État des États-Unis, Hawaï a les mêmes critères d'admission que le reste du pays. Les citoyens américains n'ont pas besoin de visa pour visiter Hawaï depuis ma dernière mise à jour des connaissances en janvier 2022. Les voyageurs doivent cependant être en possession d'une pièce d'identité valide avec photo émise par le gouvernement, comme un permis de conduire, ainsi que d'une preuve de citoyenneté, comme un passeport.

Les critères d'admission des touristes étrangers sont fixés par le gouvernement des États-Unis. Généralement, les visiteurs aux États-Unis, y compris à Hawaï, ont besoin d'un visa. Le type de visa requis dépend du fait que la visite soit à des fins touristiques, professionnelles ou autres. Le visa B-2 est le visa touristique le plus populaire.

Pour obtenir un visa américain, les candidats doivent normalement remplir le formulaire DS-160, payer les frais appropriés et prendre rendez-vous à l'ambassade ou au consulat américain le plus proche.

Les candidats peuvent être interrogés sur leurs intentions de voyage, leurs liens avec leur pays d'origine et d'autres informations pertinentes au cours de l'entretien.

Il est crucial de noter que depuis ma précédente mise à jour, les restrictions d'admission et les lois sur les visas peuvent avoir changé. Par conséquent, avant d'organiser un voyage à Hawaï, je suggère de visiter le site officiel du Département d'État des États-Unis ou d'appeler l'ambassade ou le consulat américain le plus proche pour obtenir les informations les plus récentes et les plus précises.

Les voyageurs doivent également être conscients de toutes les procédures d'entrée ou limitations liées au COVID-19 qui peuvent être mises en place. De nombreux endroits, dont Hawaï, ont mis en œuvre des mesures de santé et de sécurité en réponse à l'épidémie mondiale. Depuis ma mise à jour la plus récente, ces précautions peuvent inclure la présentation d'un document attestant d'un résultat négatif au test COVID-19 avant l'embarquement ou à l'arrivée, ainsi que le respect des procédures de quarantaine ou d'isolement si nécessaire.

La surveillance des dernières informations provenant des responsables de la santé et du gouvernement de l'État est essentielle pour les personnes qui envisagent de se rendre à Hawaï. Pour obtenir les informations les plus récentes sur les critères d'entrée liés à la santé, consultez le ministère de la Santé d'Hawaï et le site Web officiel du tourisme.

Il est essentiel de s'organiser à l'avance et de s'assurer que tous les documents pertinents, tels que les visas et les certificats médicaux, sont en règle. Les voyageurs doivent également se tenir informés de tout changement dans les règles d'entrée qui pourrait survenir entre le moment où ils planifient leur voyage et celui où ils partent.

Les visiteurs peuvent passer un moment plus agréable à découvrir les magnifiques paysages et la culture colorée d'Hawaï s'ils restent informés et respectent les critères d'admission. Pour garantir le respect des règles de voyage en évolution et pour tirer le meilleur parti de votre séjour dans l'État d'Aloha, vérifiez toujours les informations les plus récentes.

## Qui a besoin d'un visa pour visiter Hawaï ?

Les restrictions de voyage, y compris les lois sur les visas, peuvent changer à tout moment.

Des visas sont normalement requis pour entrer aux États-Unis, y compris à Hawaï. Il existe cependant des exclusions selon le pays du passager ainsi que le motif et la durée de son séjour.

Les citoyens des pays participant au Visa Waiver Program (VWP) peuvent être autorisés à visiter les États-Unis, y compris Hawaï, sans visa pendant une durée maximale de 90 jours à des fins touristiques ou commerciales. Ils doivent cependant demander une autorisation via le système électronique d'autorisation de voyage (ESTA) avant d'embarquer.

Les personnes originaires de pays non membres du VWP doivent obtenir un visa pour entrer aux États-Unis. Le type de visa requis dépend de l'objectif de la visite : tourisme, affaires, emploi ou autre. En règle générale, la procédure de demande comprend la présentation des documents essentiels, le passage d'un entretien de visa à l'ambassade ou au consulat américain et le paiement des frais requis.

Il est essentiel de se rappeler que les restrictions d'entrée peuvent varier, les visiteurs doivent donc vérifier auprès du Département d'État américain ou de l'ambassade ou du consulat américain de leur pays d'origine pour obtenir les informations les plus récentes. De plus, les limitations de voyage liées au

COVID-19 peuvent affecter les conditions d'entrée, il est donc essentiel de se tenir au courant de toute révision pour une expérience de voyage agréable.

## Catégories de visa à Hawaï

En tant qu'État des États-Unis, Hawaï adhère aux mêmes catégories de visas que le reste du pays. Voici des exemples de catégories de visa courantes :

Visa touristique (B-2) : Pour toute personne voyageant à Hawaï pour le plaisir, le tourisme ou des visites familiales.

Visa d'affaires (B-1) : pour les visiteurs visitant Hawaï pour affaires, comme des réunions, des conférences ou des consultations.

Visa étudiant (F et M) : Pour les étudiants étrangers poursuivant des études universitaires ou professionnelles à Hawaï.

Visa de visiteur d'échange (J) : conçu pour les participants au programme d'échange afin de promouvoir l'interaction culturelle et la compréhension internationale.

**Visa de travail (diverses catégories) :** des visas tels que H-1B pour les travailleurs spécialisés, L-1 pour les personnes transférées au sein de l'entreprise et d'autres basés sur les situations professionnelles sont inclus.

**Visa d'investisseur (E-2) :** permet aux personnes d'investir une grosse somme d'argent dans une entreprise américaine.

**Visas parrainés par la famille (diverses catégories) :** pour les proches parents des citoyens américains et des résidents permanents.

**Visa de diversité (DV) :** également connu sous le nom de Loterie de la carte verte, il offre aux candidats de pays à faible taux d'immigration vers les États-Unis la possibilité de demander la résidence permanente.

**Étant donné que les réglementations en matière d'immigration varient, il est essentiel de consulter le site Web officiel du gouvernement américain sur l'immigration ou d'obtenir les conseils d'un juriste pour obtenir les informations les plus précises et les plus récentes.**

## Le coût d'un visa Hawaï

Le coût d'un visa varie selon le type de visa, la nationalité et les circonstances particulières. Hawaï étant un État des États-Unis, vous n'avez pas besoin de visa si vous êtes citoyen américain. Si vous voyagez à l'étranger, vous aurez peut-être besoin d'un visa pour entrer aux États-Unis.

Le visa B-2 est le visa touristique le plus populaire aux États-Unis. Le coût de la demande d'un visa B-2 était de 160 $ selon ma dernière mise à jour. Ces frais ne sont généralement pas remboursables et servent à payer les frais de traitement. Gardez à l'esprit que ces informations peuvent avoir changé et pour obtenir les informations les plus récentes, je vous suggère de visiter le site officiel du Département d'État des États-Unis ou de contacter l'ambassade ou le consulat américain le plus proche.

En outre, tous les frais éventuels liés à la procédure de demande de visa doivent être pris en compte, tels que les examens médicaux obligatoires, les frais de paperasse et les frais de déplacement au consulat ou à l'ambassade pour un entretien, si nécessaire. Avant de faire une réservation de voyage, vérifiez toujours les faits les plus récents pour garantir des informations précises et à jour.

## Preuve d'hébergement

**Preuve de l'hébergement à Hawaï**
**I. Confirmation de Réservation :**

**Veuillez fournir une copie de votre confirmation de réservation de l'hôtel ou du logement où vous avez séjourné. Ce document contient normalement des informations telles que vos dates de séjour, le type de chambre et le numéro de confirmation.**
**II. Reçus ou factures :**

**Joignez des copies des reçus ou des factures de l'établissement d'hébergement. Ces documents doivent inclure le montant payé, la répartition des frais et le mode de paiement.**
**Coordonnées : III.**

**Fournissez les coordonnées de l'établissement d'hébergement, y compris son adresse et son numéro de téléphone. Cela renforce la crédibilité de votre preuve.**
**Relevé de carte de crédit IV :**

Joignez une pièce relevant de votre relevé de carte de crédit indiquant les informations de transaction, y compris le nom de l'établissement d'hébergement et le montant de la transaction, si vous avez payé votre séjour avec une carte de crédit.
V. Photographies d'hébergement :

Pour preuve supplémentaire, pensez à joindre quelques images du lieu du logement ou de votre séjour. Cela pourrait aider à prouver que vous étiez physiquement présent à ce moment-là.
Correspondance : VI.

Incluez des paragraphes pertinents qui confirment votre réservation et les détails de votre séjour si vous avez interagi avec l'établissement d'hébergement par e-mail ou tout autre support de messagerie.
VII. Itinéraire de voyage :

Joignez votre itinéraire de voyage complet, qui doit inclure des informations sur vos vols, votre transport et votre hôtel. Cela vous donne une image complète de vos arrangements de vacances.
Avant de distribuer ces documents, n'oubliez pas de bavarder toute information sensible, comme les numéros de carte de crédit. Cette collecte de données

devrait servir de vérification solide de votre hébergement à Hawaï.

## Preuve financière suffisante

La preuve de ressources financières importantes est requise dans divers scénarios, notamment les demandes de visa, les demandes de prêt et les ventes immobilières. Ces documents démontrent qu'une personne ou une entreprise dispose des ressources financières nécessaires pour satisfaire à des responsabilités ou à des critères spécifiques.

Les documents financiers des banques démontrant des revenus, des économies et des investissements continus peuvent indiquer la capacité d'un demandeur à financer les coûts tout au long de son séjour pour les demandes de visa. Des relevés bancaires récents, des fiches de paie et, le cas échéant, des portefeuilles d'investissement sont souvent utilisés comme preuve.

Les prêteurs cherchent souvent des preuves de revenus, des déclarations de revenus et des informations sur les actifs et les obligations dans les demandes de prêt. Cela aide à déterminer la capacité de l'emprunteur à rembourser le prêt. De plus, des antécédents de crédit respectables donnent confiance à la stabilité financière du demandeur.

Dans le cas de transactions immobilières, les acheteurs potentiels peuvent être tenus de présenter la preuve de ressources suffisantes afin d'acquérir un prêt hypothécaire ou de finaliser un achat. Cette documentation peut inclure des lettres de pré-approbation d'institutions financières prouvant l'éligibilité financière de l'acheteur à un prêt.

La transparence et la précision sont essentielles en toutes circonstances. La falsification d'informations pourrait avoir de graves conséquences. Dans l'ensemble, la preuve de fonds suffisants est essentielle pour renforcer la confiance et la crédibilité dans divers contextes financiers et juridiques.

## Formulaire de déclaration de santé

**Certainement! Voici un modèle simple de formulaire de déclaration de santé :**

**Formulaire de déclaration de santé**

**Veuillez remplir ce formulaire complètement et honnêtement.**

Détails personnels:

Nom complet:
Année de naissance:
Adresse : Téléphone :
E-mail : [email protégé]
Problèmes de santé :

Avez-vous eu des symptômes du COVID-19 au cours des 14 derniers jours ? (fièvre, toux, essoufflement, etc.)

 Oui Non
Avez-vous passé un test COVID-19 au cours des 14 derniers jours ?

 Oui Non
Avez-vous eu une interaction récente avec une personne qui a été testée positive au COVID-19 ?

 Oui Non
Êtes-vous parti à l'étranger au cours des 14 derniers jours ?

 Non Oui Informations de voyage :

Si tel est le cas, veuillez fournir les informations suivantes concernant votre voyage à l'étranger :
Déclaration : Au meilleur de ma connaissance, les informations présentées ci-dessus sont vraies et exactes. Je reconnais l'importance de partager mon état de santé pour ma propre sécurité et celle des autres.

Signature:

Format de date : MM/JJ/AAAA

Veuillez modifier ce formulaire pour refléter les règles ou restrictions locales.

## Vaccinations

**Vaccination à Hawaï**
Hawaï, comme de nombreux autres endroits, a participé activement à une vaste campagne de vaccination pour contrôler la propagation des maladies infectieuses. La vaccination a été soulignée par l'État comme une stratégie de santé publique cruciale, dans le but de protéger à la fois les habitants et les touristes. Les efforts de vaccination d'Hawaï portent sur une grande variété de maladies,

notamment la rougeole, les oreillons, la rubéole, l'hépatite et la grippe.

Les cliniques de vaccination sont stratégiquement positionnées à travers les îles pour garantir aux habitants des zones métropolitaines et des villages ruraux un accès simple et équitable aux traitements de vaccination. En outre, des unités mobiles de vaccination et des initiatives de sensibilisation ont été mises en place pour cibler les zones défavorisées, encourageant ainsi l'inclusion et luttant contre les inégalités en matière de soins de santé.

La politique de vaccination d'Hawaï comprend également des programmes éducatifs visant à promouvoir l'importance des vaccinations. Les campagnes de santé publique diffusent des informations sur la sécurité, l'efficacité et l'importance de l'immunité communautaire dans la prévention des épidémies. Ces campagnes tentent de démystifier les idées fausses et de soutenir des décisions éclairées en matière de vaccination.

La collaboration entre les agences gouvernementales de santé, les prestataires de soins de santé et les groupes communautaires a été essentielle au succès du programme de vaccination d'Hawaï. L'État continue d'ajuster sa stratégie en réponse à l'évolution des demandes de santé publique et aux progrès scientifiques, affichant son engagement à protéger le bien-être des citoyens et à promouvoir une communauté résiliente et saine.

# Chapitre 4

## Prix et options d'hébergement à Hawaï

Le coût d'un hôtel à Hawaï varie en fonction de critères tels que l'emplacement, la saison et le type de séjour. Les coûts des hôtels dans les régions touristiques de premier plan comme Waikiki varient entre 150 $ et 500 $ par nuit. Les complexes hôteliers haut de gamme peuvent coûter plus de 700 $ par nuit. Airbnb et les locations de vacances offrent des options, avec des chambres modestes commençant à environ 100 $ par nuit.

Les auberges sont accessibles aux touristes à petit budget, avec des tarifs allant de 30 $ à 70 $ par nuit. Le camping est également disponible dans des endroits agréés, avec des permis coûtant souvent moins de 20 $ par nuit. N'oubliez pas que les tarifs peuvent changer, donc réserver à l'avance ou pendant les saisons creuses peut donner lieu à de meilleures affaires. De plus, enquêter sur d'autres îles peut révéler des fourchettes de prix variées, vous permettant d'adapter votre hébergement à votre budget et à vos goûts.

Pensez à séjourner dans un bed & breakfast ou une maison d'hôtes pour une expérience plus immersive, qui peut offrir un mélange de charme local et de prix abordable, allant souvent de 100 $ à 300 $ par nuit.

Hawaï propose également des alternatives d'hébergement uniques, telles que des lodges respectueux de l'environnement et des hôtels-boutiques, qui offrent une expérience distincte tout en s'adressant à une variété de budgets. Ces solutions peuvent coûter entre 150 et 400 dollars par nuit.

Les maisons de vacances et les copropriétés sont populaires auprès des personnes recherchant un séjour plus long ou plus de chambres, en particulier sur des sites comme Airbnb et Vrbo. Les prix varient de 150 $ à plus de 500 $ la nuit pour les maisons haut de gamme, selon la taille, l'emplacement et les commodités.

Il est essentiel de prendre en compte d'autres charges telles que les frais de séjour, les taxes et les frais de stationnement, qui peuvent avoir une influence considérable sur le coût final. Enfin, gardez un œil sur les offres de forfaits comprenant l'hébergement et les activités, qui peuvent donner lieu à des réductions pour une expérience hawaïenne plus complète.

## Les hôtels et centres de villégiature bon marché d'Hawaï comprennent :

**Aqua Ohia Waikiki :** Situé à Waikiki, cet hôtel propose des prix raisonnables et se trouve à quelques pas de la plage. Il offre un séjour agréable à un prix raisonnable.
**Maui Seaside Hotel :** Situé à Kahului, Maui, cet hôtel propose un hébergement abordable avec un accès pratique aux attractions de l'île, notamment le parc national Haleakala et la route de Hana.
**Kauai Shores Hotel :** Situé à Kapaa, Kauai, cet hôtel offre une expérience en bord de mer à un prix modéré. La maison a une atmosphère tropicale et se trouve à proximité des magasins et des restaurants locaux.
**Pagoda Hotel :** Situé au cœur d'Honolulu, à Oahu, le Pagoda Hotel est reconnu pour ses prix bas et son accès facile au centre commercial Ala Moana et à la plage de Waikiki.

**Volcano House** : Séjournez à Volcano House dans le parc national des volcans d'Hawaï sur la Grande Île pour une expérience unique en son genre. Ce n'est pas seulement bon marché, mais il se trouve également à proximité du célèbre volcan Kilauea.

**Kona Seaside Hotel** : Cet hôtel est situé à Kailua-Kona, sur la rive ouest de la Grande Île. Son prix est raisonnable et il se trouve à proximité de sites majeurs comme l'ancien village de Kailua.

**The Mauian Hotel on Napili Beach** : Situé à Maui, cet hôtel en bord de mer offre un choix à faible coût pour les personnes à la recherche de vacances reposantes. Le Mauian offre un cadre tranquille avec une vue imprenable sur la baie de Napili.

**Waikiki Sand Villa Hotel** : Cet hôtel de Waikiki est reconnu pour ses prix abordables et ses chambres agréables. Il se trouve à quelques pas de la plage de Waikiki et d'une variété de magasins et de restaurants.

**Kauai Palms Hotel** : Cet hôtel de Lihue, Kauai, propose un séjour à faible coût dans un cadre calme. C'est un excellent point de départ pour explorer les attractions naturelles de l'île, telles que les chutes de Wailua et le port de Nawiliwili.

**Étonnement au Maui Banyan :** ce complexe de condominiums à Kihei, Maui, propose des alternatives abordables avec de grands appartements. C'est une excellente option pour les personnes recherchant une atmosphère chaleureuse avec des équipements de cuisine.

Tenez compte des services fournis par chaque hôtel, tels que le petit-déjeuner, le parking et le Wi-Fi gratuits, tout en organisant votre séjour pour optimiser votre rapport qualité-prix. La lecture des avis d'autres visiteurs peut également donner un aperçu de l'expérience globale des clients dans chaque établissement.

## Hôtels et centres de villégiature du plus haut calibre

Hawaï abrite une pléthore d'hôtels et de complexes hôteliers de luxe, chacun avec sa propre combinaison de paysages à couper le souffle et d'installations haut de gamme. Sur la Grande Île, le Four Seasons Resort Hualalai est connu pour ses villas en bord de mer, ses parcours de golf de championnat et ses excellentes expériences culinaires. Les hébergements en bord de mer, les services de spa et la proximité du Kapalua Golf Club distinguent le Ritz-Carlton Kapalua à Maui.

Le Grand Wailea, un complexe Waldorf Astoria à Wailea, éblouit les visiteurs avec ses grandes piscines, ses magnifiques jardins et la célèbre piscine d'activités Canyon. L'hôtel Halekulani à Waikiki, Oahu, est connu pour son élégance intemporelle, ses hébergements en bord de mer et son restaurant primé La Mer.

Le Four Seasons Resort Lana'i, avec ses grands hébergements, son parcours de golf de Manele et sa proximité avec de superbes plages, offre une expérience plus isolée. Ces complexes hôteliers de luxe à Hawaï offrent un équilibre idéal entre richesse et beauté naturelle des îles.

## Auberges et chambres d'hôtes

Hawaï, connue pour ses paysages magnifiques et sa culture colorée, propose une variété de maisons d'hôtes et d'auberges proposant un hébergement abordable tout en immergeant les visiteurs dans la culture locale. Ces alternatives aux hôtels typiques offrent aux touristes une chance unique d'interagir avec l'essence de l'île.

Les maisons d'hôtes à Hawaï représentent souvent l'attitude Aloha, procurant un sentiment de communauté. Ces entreprises varient des petits chalets aux bungalows en bord de mer et sont situées sur les îles. Les clients peuvent s'attendre à une attention et des informations personnalisées de la part d'hôtes passionnés par les îles. Il est assez inhabituel que ces maisons d'hôtes exposent de l'art hawaïen, utilisent des éléments de conception traditionnels et proposent des repas produits localement, tout cela contribuant à l'immersion culturelle.

Les auberges de jeunesse à Hawaï, en revanche, séduisent les voyageurs soucieux de leur budget. Ces complexes hôteliers sont situés dans des zones touristiques de premier plan et proposent un hébergement économique sans sacrifier l'authenticité de l'expérience hawaïenne. Grâce aux chambres partagées et aux espaces publics, les auberges favorisent les contacts sociaux entre les visiteurs. Les voyageurs échangent souvent des histoires, organisent des excursions et créent des amitiés qui transcendent les murs de l'auberge.

À Hawaï, les maisons d'hôtes et les auberges sont parfaitement situées pour explorer. De la vie nocturne passionnante de Waikiki aux magnifiques paysages de Maui et aux merveilles volcaniques de la grande île, ces hébergements constituent des bases accessibles pour explorer les nombreuses attractions de l'archipel.

Essentiellement, séjourner dans les maisons d'hôtes et auberges d'Hawaï est plus qu'une simple alternative pratique pour les visiteurs soucieux de leur budget ; c'est une invitation à s'immerger dans la culture hawaïenne, à tisser des liens avec la terre et ses habitants. Alors que le soleil se couche sur le Pacifique, les clients de ces hébergements uniques en leur genre deviennent plus que de simples touristes, mais des participants à la riche tapisserie de la culture hawaïenne.

## Camping

Le camping, activité intemporelle, offre un répit face au stress de la vie contemporaine. C'est plus qu'un simple passe-temps ; c'est l'occasion de se reconnecter à la nature, de se déconnecter et de se reconnecter en toute simplicité.
Un feu de camp devient le point central sous la toile du ciel nocturne, projetant des ombres qui dansent avec des histoires de fraternité.

Monter une tente implique bien plus que simplement monter des piquets ; cela implique de créer un refuge temporaire rempli de la symphonie bruissante des feuilles et des sons lointains des créatures nocturnes. Le crépitement du feu et l'arôme de la fumée de bois créent une expérience sensorielle hors du commun. Le camping, c'est troquer la régularité contre l'excitation de l'inconnu, où chaque mouvement dans les bois cache une aventure possible.

Le camping est aux premières loges de la majesté de la nature, qu'il soit blotti au calme d'une forêt, perché au bord d'un ruisseau de montagne ou situé au bord d'un magnifique lac. C'est une toile pour observer les étoiles, une scène pour raconter des histoires et une école où les compétences de survie rencontrent les activités récréatives.

Le camping rassemble dans des moments partagés d'émerveillement, de la cuisson des guimauves au réveil au chant des oiseaux. C'est un bouton de réinitialisation mentale qui favorise la résilience et l'ingéniosité. Les campeurs emballent leurs souvenirs à mesure que le matin arrive, jetant une couleur dorée sur la campagne, ne laissant que des traces de pas dans les bois.

Le camping est bien plus que de simples vacances ; c'est une adoption de la simplicité, une absorption dans la beauté brute de la nature. C'est une célébration du lien inné de l'humanité avec le monde sauvage juste à l'extérieur des limites municipales.

## Glamping

La scène du glamping à Hawaï offre une combinaison distincte de luxe et de nature. Imaginez-vous vous réveillez dans une tente luxueuse nichée dans un magnifique fond de végétation, avec le bruit des vagues qui clapotent doucement. Le glamping à Hawaï allie le luxe d'un complexe hôtelier à l'expérience immersive des grands espaces, avec des options allant des yourtes haut de gamme avec vue sur l'océan aux cabanes dans les arbres branchées. Les îles offrent un environnement magnifique pour des vacances glamping spectaculaires, que vous choisissiez un endroit côtier ou une escapade privée dans les bois.

# Chapitre 5

### Vie nocturne à Hawaï et étiquette à manger

La vie nocturne à Hawaï est un mélange dynamique de charme insulaire traditionnel et de divertissement contemporain. Honolulu, Waikiki et d'autres villes hawaïennes s'animent lorsque le soleil se couche sur le Pacifique, offrant un large choix d'activités nocturnes. Il y en a pour tous les goûts, des bars de bord de mer aux clubs élégants.

La musique et la danse traditionnelles hawaïennes occupent souvent une place centrale dans divers contextes. Les performances de Hula, complétées par des chansons de ukulélé et de guitare molle, créent une véritable atmosphère insulaire. Les visiteurs peuvent se plonger dans la riche histoire culturelle d'Hawaï tout en écoutant de la musique actuelle dans les discothèques populaires.

Dîner à Hawaï est une excursion gastronomique qui reflète les différentes influences culturelles des îles. La cuisine locale combine des influences autochtones hawaïennes, asiatiques et occidentales. Les luaus traditionnels proposent du cochon kalua, du poi et du poisson comme échantillon de la cuisine originale des îles.

En matière d'étiquette alimentaire, il y a quelques règles à suivre. En entrant dans un restaurant ou chez quelqu'un, il est habituel d'accueillir les gens avec un agréable « aloha ». De plus, il est de coutume d'enlever ses chaussures en entrant chez quelqu'un, un comportement inspiré des traditions culturelles asiatiques.

Dans la cuisine hawaïenne, le partage est de mise et de nombreux repas sont servis en famille. Il est considéré comme poli de goûter un peu de tout et d'engager une conversation avec les autres convives. Le pourboire dans les restaurants est standard, allant souvent de 15 % à 20 %.

Qu'il s'agisse d'un dîner au bord de la plage au coucher du soleil ou d'une soirée dansante sur des rythmes locaux, la vie nocturne et la scène culinaire d'Hawaï offrent une combinaison unique de richesse culturelle et d'excitation moderne, ce qui en fait une expérience exceptionnelle pour les voyageurs du monde entier.

## Vie nocturne à Hawaï

La vie nocturne d'Hawaï est dynamique et colorée, reflétant la diversité culturelle des îles. À mesure que le soleil se couche sur le Pacifique, l'atmosphère des îles change, offrant un large éventail de choix de divertissement aux résidents et aux touristes.

Honolulu, la capitale d'Oahu, possède une vie nocturne animée qui comprend des pubs à la mode, des salles de concert et des discothèques animées. Waikiki, en particulier, s'anime de musique et de rires alors que les gens se rassemblent pour profiter de tout, de la musique traditionnelle hawaïenne aux rythmes modernes.

Front Street de Lahaina est une destination de vie nocturne populaire à Maui. Après la tombée de la nuit, il se transforme en un centre animé bordé de pubs et de restaurants. Les visiteurs peuvent boire des boissons tropicales tout en écoutant de la musique live ou se promener le long de la plage la nuit.

La vie nocturne sur la Grande Île est plus décontractée mais tout aussi intrigante. Ali'i Drive à Kona possède des bars en bord de mer où les visiteurs peuvent se détendre avec un verre et profiter de l'air de l'océan. De plus, la musique et la danse traditionnelles hawaïennes sont souvent incluses dans les événements et festivals locaux, offrant ainsi une riche expérience culturelle à ceux qui recherchent un lien plus profond avec les îles.

Des concoctions exotiques dans les bars tiki aux spectacles polynésiens traditionnels au luaus, la vie nocturne d'Hawaï capture l'essence des îles. Que vous choisissiez de passer une soirée relaxante au bord de la plage ou une soirée de danse passionnante, la vie nocturne d'Hawaï offre un large choix d'activités au rythme des vagues du Pacifique.

## Étiquette pour la vie nocturne d'Hawaï

**Le style de vie décontracté et accueillant des îles hawaïennes influence l'étiquette des boîtes de nuit. Le respect des normes locales est essentiel pour profiter d'une vie nocturne dynamique tout en gardant à l'esprit la communauté. Lorsque vous entrez dans un lieu, il est habituel d'accueillir les autres invités et le personnel avec un salut aloha sincère, favorisant ainsi un environnement agréable. Le code vestimentaire ample et informel est apprécié par les Hawaïens, et de nombreux endroits autorisent les tenues de villégiature.**

**Les pourboires sont fréquents et il est traditionnel de donner un pourboire généreux, appréciant ainsi la valeur de l'hospitalité dans la culture hawaïenne. Emportez de l'argent liquide pour cette raison, car certains endroits plus petits peuvent ne pas accepter les cartes. Les habitants prônent un environnement propre et préservé et valorisent l'environnement. L'élimination responsable des déchets et la**

participation à des initiatives visant à préserver la beauté des îles sont encouragées.

Engagez des discussions avec humilité et ouverture lorsque vous socialisez. Les Hawaïens chérissent les vraies relations, alors soyez honnête dans vos rencontres avec eux. Lorsque vous assistez à un lieu traditionnel ou à un événement culturel, respectez les exigences fixées pour démontrer le respect du patrimoine culturel. Enfin, soyez attentif aux niveaux de bruit, notamment dans les zones résidentielles. Garder la voix basse lorsque vous sortez tard le soir indique que vous vous souciez du quartier environnant.

Essentiellement, l'étiquette nocturne d'Hawaï consiste à adopter l'esprit d'aloha, en faisant preuve de gentillesse, de respect et d'une profonde appréciation pour la diversité culturelle des îles. Les visiteurs peuvent profiter de la vie nocturne animée tout en contribuant positivement à la communauté locale.

## Cuisine hawaïenne

Hawaii, un paradis aux paysages à couper le souffle, est également connue pour sa variété et sa cuisine délicieuse. La tapisserie culinaire de l'île représente une confluence d'éléments venus de Polynésie, d'Asie et des Amériques, offrant une expérience gastronomique unique en son genre.

Le plat classique « poke » est au centre de la cuisine hawaïenne. Ce repas savoureux est composé de poisson cru, généralement du thon, mariné dans un mélange de sauce soja, d'huile de sésame, d'oignons et d'autres assaisonnements. C'est une façon légère et rafraîchissante de commencer n'importe quel repas, mettant en valeur la richesse de l'océan Pacifique.

Les recettes hawaïennes reposent en grande partie sur des ingrédients trouvés localement. Le taro, une racine féculence, est un ingrédient courant du poi, un repas hawaïen classique. Le poi est produit en écrasant du taro cuit avec de l'eau jusqu'à ce qu'il devienne lisse et semblable à un pudding. Il est souvent proposé en accompagnement, soulignant le lien profond des Hawaïens avec leur terre.

Une autre caractéristique distinctive de la cuisine hawaïenne est le déjeuner à l'assiette, un repas détendu et copieux. Il reflète les nombreuses influences ethniques qui définissent le caractère culinaire des îles, souvent composées de riz, de salade de macaronis et d'une protéine comme le porc kalua ou le poulet katsu.

Le riche territoire agricole d'Hawaï s'ajoute à ses marchés de producteurs animés, où prospèrent les fruits tropicaux tels que l'ananas, la noix de coco et le fruit de la passion. Ces fruits sont utilisés dans une variété de recettes, allant des smoothies rafraîchissants aux somptueuses friandises comme le haupia (pudding au lait de coco).

Le luau hawaïen, une fête joyeuse, illustre le caractère coopératif des îles. Des plats hawaïens traditionnels tels que le laulau (porc enveloppé de feuilles de taro) et le poisson ornent les tables, accompagnés de danse hula et de musique vibrante.
La cuisine hawaïenne, par essence, est une célébration du passé unique et de l'abondance naturelle des îles, permettant aux autochtones et aux touristes d'apprécier les saveurs de ce paradis du Pacifique.

## Boissons célèbres à Hawaï

Hawaï est connue pour sa culture vivante et ses célèbres cocktails reflètent les goûts distincts du paradis tropical. Le Mai Tai, un mélange de rhum léger et brun, de jus de citron vert, de liqueur d'orange et de sirop d'orgeat, est une boisson emblématique. Le Mai Tai, servi sur glace, résume l'esprit de détente hawaïenne avec un équilibre parfait entre douceur et piquant.

Le Blue Hawaiian, une boisson visuellement attrayante mélangée à du rhum, du Curaçao bleu, de la crème de noix de coco et du jus d'ananas, est une autre option populaire. Sa teinte turquoise reflète les belles teintes des océans d'Hawaï, ce qui en fait une alternative rafraîchissante et visuellement agréable pour tous ceux qui recherchent un avant-goût des îles.

POG Juice s'impose comme un plaisir sans alcool. POG est l'abréviation de fruit de la passion, d'orange et de goyave, une délicieuse trinité de saveurs tropicales qui se marient bien. Ce jus coloré est un délicieux compagnon pour les journées chaudes, avec une saveur douce et acidulée qui reflète la variété des fruits que l'on trouve à Hawaï.

Enfin, l'apparence en couches de la boisson Lava Flow évoque l'esprit des îles. Ce cocktail, composé de crème de coco, de jus d'ananas, de rhum et de fraises, ressemble à une coulée de lave sur fond de terrain volcanique d'Hawaï. Siroter des cocktails hawaïens classiques vous emmène dans un voyage sensoriel à travers la culture riche et variée des îles.

## Meilleurs restaurants et cafés

Bien sûr, voici quelques-uns des meilleurs cafés et restaurants d'Hawaï :

Mama's Fish House (Paia) : Connu pour son poisson frais et ses plats d'inspiration hawaïenne, ce restaurant en bord de mer offre une expérience culinaire magnifique.

Alan Wong's Honolulu : une expérience culinaire d'élite qui combine des ingrédients hawaïens traditionnels avec de nouvelles méthodes culinaires.

Leonard's Bakery (Honolulu) : Connue pour ses malasadas, des beignets portugais devenus un délice hawaïen populaire.

Hula Grill Waikiki (Honolulu) : ce restaurant sur la plage de Waikiki sert des boissons tropicales et une cuisine du Pacifique avec de magnifiques couchers de soleil.

**Giovanni's Shrimp Truck (Haleiwa)** : Un classique de la Côte-Nord, ce food truck sert des plateaux de crevettes à l'ail - un incontournable pour les amateurs de crevettes.

**Orchids (Honolulu)** : Situé au Royal Hawaiian, ce magnifique restaurant sert une fusion de la cuisine du Pacifique et de la cuisine moderne dans un environnement opulent.

**Koko Head Cafe (Honolulu)** : connu pour son menu de brunch inventif avec une touche hawaïenne qui reflète les nombreuses traditions culinaires des îles.

**Duke's Waikiki (Honolulu)** : Nommé d'après Duke Kahanamoku, ce restaurant en bord de plage honore les traditions hawaïennes des beach boys tout en servant une cuisine traditionnelle de l'île.

**Joe's Haleiwa (Haleiwa)** : Ce restaurant, situé au centre de la Côte-Nord, mélange des produits locaux avec une cuisine variée pour offrir une saveur d'Hawaï.

**La Mer (Honolulu)** : Une institution gastronomique à Halekulani célèbre pour sa cuisine française aux caractéristiques hawaïennes et avec vue sur l'océan.

**N'oubliez pas de garder un œil sur les avis et les ouvertures les plus récents, car le secteur de la restauration peut évoluer rapidement. Vivez une merveilleuse aventure gastronomique à Hawaï.**

## Style de restauration hawaïen

**L'étiquette des repas à Hawaï reflète la diversité culturelle et l'attitude aloha des îles. L'attitude locale à l'égard de la nourriture est définie par le respect des autres et un cadre décontracté et convivial. Il est de coutume de retirer ses chaussures en entrant dans une maison ou un rassemblement traditionnel hawaïen en signe de respect. Cette technique est également répandue dans plusieurs établissements.**

**Il est de coutume d'attendre que l'hôte ou l'aîné commence à manger avant de commencer. Le partage est un motif fréquent dans la cuisine hawaïenne et il est de coutume de donner aux autres un échantillon**

de votre nourriture. Cela favorise un sentiment d'appartenance et de communauté.

S'engager dans une conversation agréable en mangeant est le bienvenu, mais parler la bouche pleine ne l'est pas. L'idée de « », ou de droiture, met l'accent sur la valeur de l'honnêteté et de l'intégrité dans les relations, même celles à table.

De plus, il est de tradition de remercier pour le repas en disant « mahalo » (merci). Laisser une petite quantité de nourriture dans son assiette est perçu comme un signe de satisfaction, car tout terminer implique que l'hôte n'a pas servi suffisamment.

Enfin, l'environnement culinaire diversifié d'Hawaï présente un large éventail de goûts et de cultures, allant des luaus hawaïens traditionnels aux plats d'influence asiatique. Adopter la variété et aborder les repas avec un cœur ouvert est important pour l'étiquette alimentaire hawaïenne.

# Chapitre 6

## Attractions touristiques et activités récréatives à Hawaï

**Hawaï, paradis tropical, regorge d'attractions touristiques et de possibilités de loisirs.**

**1. Parc national des volcans :** découvrez les paysages spectaculaires formés par l'activité volcanique, avec des coulées de lave, des cratères et le célèbre volcan Kilauea.

**2. Waikiki Beach :** Détendez-vous sur la plage de Waikiki, réputée pour ses belles plages, son environnement énergique et ses superbes conditions de surf.

**3. Pearl Harbor :** visitez le monument historique commémorant l'assaut de 1941, qui comprend le mémorial de l'USS Arizona et le cuirassé Missouri.

**4. Parc national de Haleakala :** Depuis le sommet de Haleakala, un grand volcan bouclier de Maui, vous pourrez admirer de superbes vues sur l'aube et le coucher du soleil.

5. Hana Road Trip : Faites une magnifique promenade à travers des forêts tropicales luxuriantes, des cascades et des falaises côtières sur la route de Hana.

6. Plongée en apnée au cratère de Molokini : Pour une plongée en apnée spectaculaire, plongez dans les mers cristallines autour de Molokini, un cratère volcanique à moitié submergé.

7. Centre culturel polynésien : découvrez la culture polynésienne à travers des spectacles traditionnels, des activités pratiques et un véritable luau.

8. North Shore Oahu : Découvrez le surf de classe mondiale et l'attitude décontractée de la Côte-Nord, en particulier pendant les vagues hivernales.

9. Plage de Lanikai : Détendez-vous sur la plage de Lanikai, connue pour ses vagues turquoise et son sable blanc immaculé.

10. Observatoires du Mauna Kea : Admirez les étoiles depuis le sommet du Mauna Kea, l'un des plus grands sites d'observation astronomique au monde, doté de nombreux observatoires.

## Activités sportives :

**1. Surf :** Hawaï est un paradis pour le surf, avec des vagues adaptées aux surfeurs débutants et professionnels.

**2. Randonnée :** Découvrez des sentiers variés offrant des vues à couper le souffle, tels que le sentier Na Pali Coast et le sentier Diamond Head Summit.

**3. Plongée en apnée et plongée :** explorez les récifs coralliens aux couleurs vives et la vie marine dans divers sites de plongée en apnée et de plongée à travers les îles.

**4. Observation des baleines :** observez les spectaculaires baleines à bosse lors de leur voyage de migration tout au long des mois d'hiver.

**5. Tours en hélicoptère :** effectuez un vol passionnant en hélicoptère au-dessus des cratères volcaniques, des cascades et des paysages magnifiques.

6. Tyrolienne : Obtenez un point de vue différent sur les îles en faisant de la tyrolienne à travers une canopée luxuriante et des vallées pittoresques.

Kayak : pour une excursion calme, pagayez le long de magnifiques côtes, dans des grottes marines ou dans des rivières tranquilles.

La combinaison unique de beauté naturelle et de richesse culturelle d'Hawaï offre une gamme variée d'activités pour tous les types de visiteurs.

## Parcs et jardins à Hawaï

Hawaï possède de magnifiques parcs et jardins qui mettent en valeur la riche beauté naturelle de l'archipel. Le parc national des volcans sur la Grande Île est une pièce maîtresse, où vous pourrez observer une activité volcanique active et explorer des paysages distinctifs en forme de lave.

Visitez la vallée de Waimea à Oahu, qui possède de magnifiques jardins floraux et des attractions culturelles. La réserve naturelle de Hanauma Bay offre une excellente plongée en apnée dans un cadre marin protégé.

Visitez l'Arboretum de Lyon à Honolulu pour un sens de l'histoire et une grande variété de flore tropicale. La ferme de lavande Ali'i Kula à Maui offre une expérience agréable entourée de champs de lavande et de vues panoramiques.

Enfin, le parc d'État Na Pali Coast de Kauai est reconnu pour ses falaises abruptes et ses sentiers de randonnée, tandis que le jardin Allerton présente des paysages et des sculptures à couper le souffle. Chaque parc et jardin d'Hawaï offre une combinaison distincte de nature, de culture et d'aventure.

## Activités de plein air à Hawaï

Hawaï, paradis du Pacifique, offre un choix varié d'activités de plein air qui plaisent aussi bien aux amoureux de la nature qu'aux amateurs d'aventure. Avec leurs paysages magnifiques, leur climat tropical chaud et leur riche culture, les îles offrent le cadre idéal pour une variété d'activités de plein air.

Hawaï propose des activités nautiques de classe mondiale puisqu'elle est entourée par l'immense océan Pacifique. Les possibilités aquatiques abondent, du surf sur les célèbres vagues de la côte nord d'Oahu à la plongée parmi les récifs coralliens aux couleurs vives du cratère Molokini. Faire du kayak le long de la côte Napali de Kauai ou profiter d'un bateau au coucher du soleil au large de la plage de Waikiki offre un nouveau point de vue sur la beauté des îles.

Des sentiers de randonnée traversant des forêts tropicales luxuriantes, des cratères volcaniques et des côtes accidentées sont disponibles pour ceux qui sont attirés par la région. Le sommet de Haleakala à Maui offre une vue spectaculaire à l'aube, tandis que le difficile sentier Kalalau à Kauai récompense les randonneurs avec une vue imprenable sur le littoral.

Les visiteurs du parc national des volcans d'Hawaï, sur la grande île, peuvent explorer les profondeurs de la terre en observant la force brute d'un volcan actif. De plus, faire une tyrolienne à travers la cime des arbres luxuriants de la vallée ou faire une excursion en VTT à travers un terrain montagneux ajoute une dose d'adrénaline à l'expérience de l'île.

Les activités culturelles en plein air, comme les cours de danse hula ou les luaus traditionnels hawaïens, permettent aux touristes de s'immerger dans le riche passé des îles. Les espaces extérieurs d'Hawaï plaisent à tous les goûts, qu'ils recherchent des sensations fortes, des loisirs ou un enrichissement culturel, ce qui en fait un endroit merveilleusement captivant pour ceux qui aiment la beauté de la nature et le frisson de l'aventure.

## Musées et attractions éducatives

Hawaï possède un certain nombre d'attractions éducatives et de musées qui donnent des informations sur le riche passé culturel et naturel de l'État. Voici quelques exemples:

Le Bishop Museum, situé à Honolulu, expose le patrimoine culturel et naturel d'Hawaï. Des antiquités hawaïennes, des expositions culturelles polynésiennes et un planétarium font partie des expositions.

Le palais Iolani est le seul palais royal des États-Unis, situé près d'Honolulu. Les visiteurs peuvent visiter les chambres historiques et en apprendre davantage sur la monarchie d'Hawaï.

Centre d'accueil de Pearl Harbor : cet endroit rappelle les événements du 7 décembre 1941 et offre un aperçu complet de la Seconde Guerre mondiale dans le Pacifique. Il abrite divers musées, dont le mémorial USS Arizona.

**Centre culturel polynésien :** Ce musée vivant sur la côte nord d'Oahu présente les coutumes de nombreuses îles polynésiennes. Des spectacles traditionnels et des traditions locales peuvent être appréciés par les visiteurs.

**Musée de l'aviation du Pacifique à Pearl Harbor :** situé sur l'île Ford, il présente des expositions sur l'histoire de l'aviation, en mettant l'accent sur le rôle des avions lors de l'assaut de Pearl Harbor.

**Site historique et archives des bâtiments de la mission hawaïenne :** situé à Honolulu, ce site préserve les bâtiments de la mission du début du XIXe siècle, permettant aux visiteurs de découvrir l'effet des missionnaires sur la culture hawaïenne.

**Le Lyman Museum and Mission House,** situé à Hilo sur la Grande Île, présente des expositions sur l'histoire naturelle, l'anthropologie et les beaux-arts d'Hawaï, ainsi que sur l'histoire du commerce du sucre de l'île.

**Musée de l'océan de Maui :** situé à Wailuku, Maui, ce musée des sciences marines informe les visiteurs sur la riche vie marine d'Hawaï via des expositions interactives et des présentations d'animaux vivants.

Aquarium de Waikiki : Fondé en 1904 à Honolulu, cet aquarium se concentre sur les créatures marines endémiques des îles hawaïennes et de la région du Pacifique.

Centre d'accueil du parc national des volcans d'Hawaï : sur la grande île, ce centre sert de porte d'entrée au parc national des volcans d'Hawaï, où vous pourrez en apprendre davantage sur la géologie et l'écologie des volcans d'Hawaï.

Ces attractions offrent une expérience éducative holistique combinant histoire, culture et sciences naturelles pour donner aux visiteurs une meilleure connaissance du patrimoine unique d'Hawaï.

## Zoos et rencontres avec des animaux à Hawaï

Hawaï est remarquable par sa biodiversité et, même s'il manque de zoos typiques, il offre une variété de rencontres et de sanctuaires avec des animaux. Le zoo d'Honolulu à Oahu est un endroit célèbre, avec plus de 900 animaux, dont des espèces rares et menacées. Les expositions comprennent la savane africaine, la forêt tropicale et la forêt de découverte des enfants.

L'aquarium de Waikiki est un incontournable pour quiconque s'intéresse à la vie marine. Il est situé à proximité d'un récif vivant et met en valeur les habitats marins hawaïens en mettant l'accent sur la conservation. Une autre caractéristique est le Maui Ocean Center, qui offre une vue sur l'environnement sous-marin autour des îles hawaïennes.

Si vous souhaitez côtoyer les dauphins et les lions de mer, le Sea Life Park d'Oahu est un endroit idéal où aller. Le parc organise également des présentations éducatives et des expositions sur la protection de la vie marine.

Dolphin Quest sur la Grande Île offre aux touristes la possibilité de nager avec les dauphins dans un lagon naturel pour une expérience plus authentique. Il mêle enseignement, conservation et rencontres rapprochées avec ces créatures marines intelligentes.
Pensez à visiter l'un des nombreux sanctuaires animaliers des îles, comme le Ke Kai Ola Marine Mammal Center sur la grande île, qui se consacre à la réhabilitation et à la libération des phoques moines hawaïens.

En conclusion, bien qu'Haïti ne possède pas de zoos typiques, elle offre une variété d'interactions animales, d'attractions marines et de sanctuaires qui permettent aux touristes de côtoyer la faune distinctive des îles.

# CHAPITRE 7

## Options et coûts de transport à Hawaï,

Les options de transport à Hawaï vont du traditionnel au contemporain.

Voitures de location : de nombreux clients choisissent d'explorer à leur guise en louant un véhicule. Les coûts varient selon le type de voiture, la période de location et la saison, les tarifs étant souvent plus élevés pendant les saisons touristiques chargées.

Transports publics : certaines îles disposent de bus publics, qui constituent un choix plus rentable. Les itinéraires peuvent être restreints et les horaires peuvent ne pas répondre aux besoins de chacun.

Taxis et covoiturage : Des taxis sont disponibles, notamment dans les zones métropolitaines, tandis que des services de covoiturage comme Uber et Lyft sont accessibles sur plusieurs îles. Les coûts varient en fonction de la distance et de la demande.

Vélos et scooters : La location de vélos ou de scooters est de plus en plus populaire dans les zones touristiques. Il s'agit d'une méthode écologique et rentable pour explorer certains endroits.

**Marche :** Dans certains endroits, notamment dans les régions touristiques, la marche est un choix réalisable. Cependant, en raison de l'immensité de la zone, cela n'est peut-être pas réalisable pour des voyages plus longs.

**Vols inter-îles :** les vols inter-îles sont répandus pour les voyages entre les îles. Les prix varient en fonction de la compagnie aérienne, du moment de la réservation et de la demande.

**Bateaux et ferries :** Certaines îles proposent des services de bateau et de ferry inter-îles. C'est peut-être un choix magnifique mais qui prend du temps.

**Vols en hélicoptère :** bien qu'ils ne constituent pas un moyen de transport pratique pour la plupart des gens, les vols en hélicoptère offrent une occasion unique d'observer les îles. Mais ils sont souvent chers.

Lorsque vous choisissez un moyen de transport à Hawaï, gardez à l'esprit votre emploi du temps, la taille de votre groupe et vos préférences personnelles. Les coûts peuvent varier considérablement, donc rechercher à l'avance et comparer les possibilités peut vous permettre de faire des sélections plus éclairées en fonction de votre budget et de vos objectifs de vacances.

## Aperçu du transit général d'Hawaï

Hawaï, une chaîne d'îles du Pacifique central, possède un environnement de transit distinct déterminé par la géologie et la répartition de la population. Le transport aérien est le principal moyen de transit inter-îles, avec plusieurs aéroports reliant les principales îles. L'aéroport étranger d'Honolulu sur Oahu est une porte d'entrée importante reliant Hawaï aux États-Unis continentaux et aux destinations étrangères.

En raison du manque d'alternatives de transports publics sur les îles, les transports terrestres dépendent principalement des automobiles privées. TheBus, un système de bus public robuste desservant Honolulu et les régions voisines, est disponible sur Oahu, l'île la plus peuplée. En outre, le projet Honolulu Rail Transit, un système ferroviaire surélevé en cours de construction visant à réduire les embouteillages, est situé à Oahu.

Des services de bus sont disponibles sur les îles voisines telles que Maui, Kauai et Hawaï (communément appelées la Grande Île), bien qu'ils soient moins répandus qu'à Oahu. La location d'un véhicule est une option populaire pour ceux qui souhaitent explorer les îles par eux-mêmes.

Avec des ferries reliant Maui et Lanai et des services quotidiens de ferry pour passagers reliant Maui et Molokai, le transport maritime joue un rôle important. Ces services sont toutefois soumis aux conditions météorologiques.

Hawaï a montré un intérêt pour les options de transport durables ces dernières années, telles que les bus électriques et les efforts encourageant les infrastructures adaptées aux cyclistes et aux piétons. L'environnement de transit de l'État est une interaction dynamique entre le transport aérien, le transport terrestre et les services maritimes, reflétant les problèmes et le potentiel uniques de la géographie archipélagique.

## Billets seuls

Hawaii, un paradis ensoleillé composé de paysages magnifiques et de plages ensoleillées, vous appelle avec des billets spéciaux qui garantissent une expérience incroyable. Chaque billet donne accès à la splendeur distincte des îles hawaïennes, où une culture vivante rencontre des trésors naturels spectaculaires.

Voyagez à Oahu, où la célèbre plage de Waikiki vous accueille pour vous détendre dans le vent chaud du Pacifique. Visitez Pearl Harbor, un triste rappel du passé, ou faites une randonnée jusqu'au sommet de Diamond Head pour une vue panoramique sur le paysage urbain de Honolulu. Votre billet unique vous offre la flexibilité de créer votre propre voyage.

Découvrez des cascades, des plages de sable noir et le cratère Haleakala en parcourant la pittoresque route de Hana. Vous choisissez le rythme avec votre propre billet, appréciant chaque minute dans ce paradis tropical.

La Garden Île de Kauai enchante les visiteurs avec ses pentes verdoyantes et ses cascades fluides. Un voyage en hélicoptère, inclus avec votre billet individuel, révèle les beautés cachées de l'île. Pendant ce temps, la Grande Île, avec ses climats variés et le spectaculaire Mauna Kea, appelle à l'exploration et à l'observation des étoiles.

Les billets individuels pour Hawaï donnent la clé d'une expérience insulaire sur mesure, que vous souhaitiez des loisirs sur de magnifiques plages, des excursions aquatiques aventureuses ou une immersion culturelle. Plongez-vous dans l'esprit de l'aloha, dégustez des spécialités locales et créez des souvenirs qui dureront longtemps après le coucher du soleil lors de votre aventure hawaïenne.

## Options de transport à Hawaï

**Voitures de location :** La location d'un véhicule vous permet d'explorer à votre guise. À Hawaï, les grandes sociétés de location proposent une large gamme d'automobiles.

**Les transports en commun** sont disponibles sur plusieurs îles. À Oahu, par exemple, il existe « TheBus », un vaste réseau qui couvre toute l'île. Les options peuvent être limitées sur les îles moins peuplées.

**Vélos :** Certaines villes, comme Honolulu, proposent des systèmes de partage de vélos. Le vélo vous permet de profiter des sites touristiques tout en étant soucieux de l'environnement.

Scooters et cyclomoteurs : Pour des excursions plus courtes, vous pouvez louer des scooters ou des cyclomoteurs à certains endroits. Ils sont très populaires dans les zones touristiques.

Taxis et covoiturage : bien que les taxis soient accessibles, les services de covoiturage tels que Uber et Lyft ont gagné en popularité, en particulier dans les zones métropolitaines.

Navettes et visites : de nombreux complexes hôteliers proposent des services de navette et de nombreuses agences de voyages proposent des transports guidés vers certaines destinations, ce qui facilite la tâche des clients.

Marche : La marche est un choix raisonnable dans les endroits où les attractions sont concentrées. Cela est particulièrement vrai dans les villes ou villages compacts.

Bateaux et ferries : En raison de la configuration insulaire d'Hawaï, des bateaux et des ferries relient différentes îles. Cela peut être une façon agréable et pittoresque de passer entre eux.

Tours en hélicoptère : envisagez des tours en hélicoptère pour une expérience unique en son genre. Bien qu'ils ne soient pas un moyen de transport pratique au quotidien, ils offrent de superbes vues aériennes des îles.

Scooters électriques : Des scooters électriques sont disponibles pour le transport sur de courtes distances dans diverses zones métropolitaines. Les applications pour smartphones permettent aux utilisateurs de les louer.

Considérez la ou les îles exactes que vous visitez et les activités que vous avez planifiées avant de décider du meilleur mode de transport.

## Métro à Hawaï

Hawaï est un paradis tropical dans l'océan Pacifique, connu pour ses panoramas à couper le souffle, sa riche histoire culturelle et ses coutumes actives. Le nom même d'Hawaï évoque des plages magnifiques, un feuillage luxuriant et un mode de vie détendu. L'expérience Subway à Hawaï est un délicieux mélange de goûts locaux et de l'attrait mondial de la chaîne de sandwichs emblématique.

Subway à Hawaï s'adresse aux différents palais des résidents et des visiteurs, offrant une combinaison unique d'ingrédients hawaïens traditionnels avec l'expérience emblématique de Subway. Pensez à un sandwich copieux composé de légumes frais d'origine locale tels que des ananas juteux, de la laitue croquante et des viandes grillées tendres. Les clients éprouvent une sensation délicieuse alors que le parfum des chefs-d'œuvre infusés au teriyaki flotte dans l'air.

Outre de délicieux sandwichs, Subway à Hawaï intègre souvent l'essence des îles dans son atmosphère. De nombreux établissements intègrent des motifs hawaïens, des couleurs vives et une hospitalité conviviale pour créer un environnement accueillant pour les clients. Subway fait désormais partie de l'expérience hawaïenne, que vous preniez un déjeuner rapide sur le chemin de la plage ou que vous savourez un dîner tranquille après avoir exploré des paysages volcaniques.

Subway est bien plus qu'un simple endroit pour dîner à Hawaï ; c'est une excursion gastronomique qui incarne l'âme des îles. Il allie parfaitement la cuisine du monde au charme local, donnant une autre dimension à la scène culturelle et gastronomique complexe d'Hawaï. Ainsi, la prochaine fois que vous visiterez ce paradis tropical, un sandwich Subway deviendra plus qu'un simple repas : il deviendra un savoureux voyage à travers le paradis.

## Transport en tramway à Hawaï

Le Hawaii Tram Transit est une merveille technologique qui intègre parfaitement l'aspect pratique avec des vues magnifiques, améliorant ainsi le transport pour les résidents et les touristes. Ce système de tramway, qui parcourt les différents paysages des îles hawaïennes, offre un point de vue unique sur la beauté naturelle qui distingue la région.

Lorsque les passagers montent à bord, le tramway glisse en douceur à travers de magnifiques bois tropicaux, offrant une vue panoramique sur les cascades tumultueuses et la végétation éclatante. La conception des tramways favorise le confort, avec de larges cabines et d'immenses fenêtres permettant à chaque passager de s'immerger complètement dans la grandeur panoramique.

Le système de transport relie des emplacements essentiels à travers les îles, offrant une connexion essentielle aux navetteurs tout en réduisant l'impact environnemental. Le Hawaii Tram Transit démontre son engagement à conserver les écosystèmes naturels qui font des îles un atout mondial en utilisant des sources d'énergie propres et durables.

Au-delà de sa vocation fonctionnelle, le tramway est devenu une attraction touristique à part entière, attirant les aventuriers et les amoureux de la nature. Les passagers ont droit à un festin visuel qui capture l'esprit des différents paysages d'Hawaï alors qu'ils voyagent depuis des centres métropolitains animés jusqu'à des escapades tranquilles en bord de mer ou des sommets volcaniques.

L'adhésion des îles à Hawaii Tram Transit démontre un engagement en faveur de l'innovation, de la durabilité et un engagement inébranlable à conserver l'extraordinaire beauté qui a fait d'Hawaï une destination recherchée depuis des années.

## Transport en bus à Hawaï

**Ouvrir la barre latérale**

Le système Hawaii Bus Transit, souvent connu sous le nom de ThèBes, est une bouée de sauvetage essentielle pour les résidents et les touristes des magnifiques îles hawaïennes. TheBus, qui opère à

Oahu, Maui, Kauai et Hawaii (la grande île), est un mode de transport essentiel qui favorise la connectivité et l'accessibilité dans différentes communautés.

TheBus s'impose comme l'un des réseaux de transports publics les plus complets des États-Unis sur Oahu. Il relie efficacement des sites importants tels que le centre-ville de Honolulu, Waikiki et la Côte-Nord grâce à un réseau complet d'itinéraires couvrant les régions urbaines et suburbaines. Les bus classiques verts et blancs sont monnaie courante alors qu'ils parcourent les magnifiques paysages de l'île, symbolisant l'esprit d'aloha.

Au-delà d'Oahu, TheBus étend son service à Maui, Kauai et Hawaï, permettant aux résidents et aux visiteurs d'explorer facilement chaque île. Le système de transport intégré facilite non seulement les déplacements quotidiens, mais encourage également les déplacements durables, en réduisant l'impact environnemental de l'utilisation individuelle de l'automobile.

TheBus aide l'économie touristique d'Hawaï en offrant aux voyageurs un moyen économique et fiable d'explorer les îles. Son engagement en faveur de la rapidité et de la politesse du service améliore l'ensemble de l'expérience de transport, contribuant ainsi à la grande réputation d'Hawaï en matière de transports publics.

Par essence, The Bus est un symbole de communauté, de connectivité et d'esprit aloha, tissant ensemble la diversité de la vie dans les îles hawaïennes.

## Service de taxi à Hawaï

Les services de taxi jouent un rôle important en facilitant le transport des résidents et des visiteurs d'Hawaï. Ces services sont largement accessibles dans les principales villes et attractions touristiques célèbres des îles.

1. Disponibilité :
Les taxis sont largement disponibles dans les aéroports, les hôtels et les destinations touristiques célèbres, garantissant ainsi aux clients arrivant à Hawaï un moyen de transport pratique.
2. Licences et réglementation :

Le ministère des Transports d'Hawaï réglemente les services de taxi à Hawaï, garantissant que les chauffeurs satisfont aux réglementations strictes en matière de permis et de sécurité.

3. Structure tarifaire :
Les taxis utilisent généralement un système de tarification au compteur. Le premier mile est couvert par le prix initial, avec des frais supplémentaires pour chaque mile successif. Il peut y avoir des frais supplémentaires pour les bagages ou le temps d'attente.
4. Services de taxis :

À Hawaï, il existe de nombreuses sociétés de taxi qui proposent une variété de choix de véhicules. Ces entreprises disposent souvent d'une flotte d'automobiles bien entretenues pour répondre aux différentes demandes de leurs clients.
5. Applications de covoiturage :

En plus des taxis conventionnels, des applications de covoiturage telles Uber et Lyft sont disponibles à Hawaï, offrant un mode de transport alternatif et souvent plus rentable.
6. Services uniques à l'île :
Chaque île hawaïenne peut disposer de son propre service de taxi adapté à la topographie et à la demande locale. Les services à Oahu, par exemple, peuvent différer de ceux de Maui ou de Kauai.
7. Informations touristiques :

À Hawaï, les chauffeurs de taxi fonctionnent souvent comme des guides touristiques informels, fournissant des informations sur les sites locaux, les restaurants et les subtilités culturelles, améliorant ainsi l'expérience client dans son ensemble.

Transport aéroportuaire :

Les taxis sont souvent utilisés pour les transferts aéroportuaires, offrant un choix pratique aux passagers arrivant ou partant. De nombreuses compagnies de taxi proposent des files d'attente à l'aéroport pour un accès rapide.

9. Points culturels à considérer :

La population variée d'Hawaï est représentée par ses chauffeurs de taxi, permettant aux voyageurs d'interagir avec les autochtones et d'en apprendre davantage sur la culture et les coutumes des îles.

10. Difficultés :

Malgré la commodité, des problèmes tels que les embouteillages, en particulier dans les zones métropolitaines comme Honolulu, peuvent avoir une influence sur les temps de trajet et les tarifs.

En conclusion, le service de taxi à Hawaï constitue un moyen de transport fiable et accessible,
faciliter la circulation fluide des habitants et des touristes autour des magnifiques îles.

### Bateaux et ferries d'Hawaï

Les bateaux et ferries d'Hawaï relient les îles, offrant à la fois un transit utilitaire et des aventures à couper le souffle. Les voyages maritimes constituent une partie importante du réseau de transport d'Hawaï, depuis les célèbres ferries inter-îles jusqu'aux petits bateaux explorant les paysages côtiers. Le Hawaii Superferry, par exemple, relie traditionnellement Oahu, Maui et Kauai, montrant les différents paysages de l'archipel tout au long du trajet. En outre, une pléthore de petits ferries et de croisières en bateau permettent aux résidents et aux visiteurs de découvrir les magnifiques côtes d'Hawaï, la vie marine abondante et les ports attrayants. Les bateaux et les ferries restent un élément important de la culture et du commerce hawaïens, reliant les îles et assurant des liens vitaux à travers le Pacifique.

# Chapitre 8

## Les choses les plus importantes à savoir sur Hawaï avant de voyager

Hawaï est composée de plusieurs îles, chacune ayant sa propre personnalité. Découvrez les îles qui vous intéressent, qu'il s'agisse de l'ambiance animée d'Oahu ou du paysage calme de Maui.

Conscience météorologique : les conditions météorologiques peuvent différer considérablement selon les îles et même les régions. Préparez-vous aux changements inattendus et faites vos valises de manière appropriée. La crème solaire est essentielle car le soleil peut être dur.

Respectez la culture locale : adoptez l'esprit aloha et adhérez aux traditions hawaïennes. Apprenez quelques mots hawaïens de base, enlevez vos chaussures lorsque vous visitez la maison de quelqu'un et respectez les lieux saints.

Hawaï est connue pour sa vie marine variée et ses paysages magnifiques. Gardez une distance de sécurité avec les animaux, en particulier les tortues marines et les phoques moines. Lors de la plongée en apnée ou de la randonnée, soyez conscient des courants océaniques et respectez toutes les précautions de sécurité.

Cuisine locale : dégustez des spécialités locales comme le poke, les assiettes et la glace pilée. Quittez les régions de villégiature pour trouver de véritables endroits où les locaux mangent.

Décontracté Acceptez le rythme plus lent de la vie. Ne vous pressez pas ; admirez plutôt la beauté des îles. La ponctualité est appréciée, mais la flexibilité est également appréciée.

Emportez des produits de première nécessité comme une bouteille d'eau réutilisable, des chaussures de marche adaptées pour l'exploration et une veste légère pour les nuits fraîches en plus des vêtements de plage.

Louer un véhicule : Bien que les transports en commun soient disponibles, la location d'un véhicule vous permet d'explorer à votre guise. Certaines des plus belles vues se trouvent hors de l'itinéraire habituel.

Sécurité des randonnées : Hawaï possède de magnifiques sentiers de randonnée. Vérifiez l'état des sentiers et apportez des chaussures et des boissons appropriées. Les fermetures de sentiers doivent être respectées, en particulier dans les habitats fragiles.

Lever et coucher du soleil : Regardez le lever du soleil à Haleakala à Maui ou le coucher du soleil à Waikiki

Beach. Ce sont des moments classiques qu'il faut prévoir.

N'oubliez pas que chaque île a ses caractéristiques uniques, alors planifiez votre voyage en conséquence. Amusez-vous sur votre hawaïen.

## Trésorerie d'Hawaï

L'économie d'Hawaï repose principalement sur le tourisme, malgré son environnement magnifique et sa culture vivante. Des millions de touristes affluent chaque année vers les superbes plages, les jungles luxuriantes et les merveilles volcaniques, augmentant considérablement les revenus de l'État. Le secteur touristique soutient non seulement les entreprises locales, mais il fournit également d'importantes recettes fiscales au gouvernement.

L'agriculture, outre le tourisme, est essentielle au paysage économique d'Hawaï. La canne à sucre, l'ananas et le café font partie des cultures cultivées dans l'État et contribuent au commerce interne et international. Cependant, ces dernières années, on a assisté à une tendance à la diversification de l'économie, les secteurs de la technologie et des énergies renouvelables prenant de l'ampleur.

Les problèmes économiques d'Hawaï sont distincts en raison de son isolement géographique, qui contribue à des coûts de transport plus élevés et à une dépendance aux importations. Le coût élevé de la vie se reflète dans le coût des produits et des services, affectant à la fois le pouvoir d'achat des habitants et des visiteurs.

Hawaï étant l'un des 50 États des États-Unis, la monnaie est le dollar américain. La stabilité de la monnaie sert de base aux transactions économiques et aux opérations financières. Alors que le tourisme continue d'être une force motrice, Hawaï explore également des pratiques économiques durables, en recherchant la résilience et l'équilibre de son environnement monétaire dans un contexte paradisiaque.

## Emportez de l'argent avec vous.

Emporter de l'argent liquide avec vous est avantageux pour diverses raisons. Pour commencer, toutes les entreprises n'acceptent pas les paiements électroniques, donc garder de l'argent liquide en main vous permet de faire des achats ou de couvrir des dépenses dans des zones qui n'acceptent pas les cartes de crédit. Ceci est particulièrement important dans les petites entreprises, sur les marchés locaux ou lors de voyages dans certains endroits. De plus, les espèces peuvent être utiles dans les situations où les transactions par carte ne sont pas possibles.

De plus, la monnaie crée un sentiment de sécurité. Lorsque les systèmes électroniques tombent en panne ou deviennent temporairement indisponibles, conserver de l'argent réel sous la main constitue une alternative viable. Il s'agit d'une ressource concrète qui ne dépend pas d'infrastructures technologiques.

Le contrôle budgétaire est un autre avantage d'avoir de l'argent liquide. Vous pouvez contrôler vos dépenses et éviter de dépasser votre budget en retirant un montant fixe. Ceci est particulièrement utile dans les cas où les dépenses excessives constituent un risque, comme lors de voyages ou d'événements spéciaux.

Pour réduire les risques de perte ou de vol, il est essentiel de faire preuve de prudence et de ne pas transporter de grosses sommes d'argent liquide. Il est essentiel de trouver un équilibre entre commodité et sécurité. Emporter de l'argent liquide avec vous offre flexibilité, sécurité et commodité dans divers scénarios où les transactions électroniques peuvent s'avérer insuffisantes.

## Prenez en compte l'assurance voyage à Hawaï.

Hawaï est une destination de rêve pour de nombreuses personnes, avec ses paysages à couper le souffle et sa riche culture. Pensez à l'assurance voyage à Hawaï lorsque vous planifiez des vacances dans l'État d'Aloha pour vous assurer un séjour sans souci.

Les caractéristiques physiques uniques d'Hawaï, telles que les volcans actifs, les plages magnifiques et les forêts tropicales luxuriantes, nécessitent la souscription d'une assurance voyage complète. Des phénomènes naturels tels que des éruptions volcaniques ou des événements météorologiques imprévus peuvent perturber les projets de voyage, entraînant des annulations ou des retards. L'assurance voyage vous protège financièrement contre de tels événements imprévus en couvrant les dépenses telles que les retards de voyage, les annulations ou les correspondances manquées.

Des crises médicales peuvent survenir n'importe où, il est donc essentiel d'avoir une assurance maladie adéquate lors d'une visite dans un endroit comme Hawaï. Les prestations médicales sont assurées par une assurance voyage, qui couvre les frais d'hospitalisation, les visites chez le médecin et les évacuations médicales d'urgence. Ceci est particulièrement crucial pour les touristes qui ne disposent pas d'une assurance maladie régulière lorsqu'ils voyagent à l'étranger.

De plus, Hawaï est reconnue pour ses sports audacieux, comme le surf sur la côte nord d'Oahu et la randonnée sur les collines rocheuses de Maui. Une couverture sports d'aventure peut être ajoutée à l'assurance voyage, garantissant que les participants sont assurés en cas de blessures ou d'accidents lors de la participation à ces activités.

Toutes les vacances peuvent être gâchées par des bagages ou des marchandises égarés. L'assurance voyage à Hawaï comprend souvent une couverture pour les bagages perdus, volés ou endommagés, vous remboursant les choses nécessaires jusqu'à ce que vos biens soient localisés ou remplacés.

Compte tenu des dangers et des activités spécifiques liés à un voyage à Hawaï, souscrire une assurance voyage est une sage décision. Il offre une tranquillité d'esprit en permettant aux touristes de se concentrer sur la beauté et la culture d'Hawaï plutôt que de s'inquiéter des conséquences financières d'événements imprévus. Avant de vous rendre à Hawaï, étudiez attentivement et choisissez un forfait d'assurance voyage qui répond à vos besoins personnels et à vos projets de voyage.

## Applications hawaïennes téléchargeables

**Go Hawaii :** utilisez cette application pour explorer les activités, les événements et les attractions autour des îles.

Des conseils privilégiés et des guides détaillés pour chaque île, vous aidant à découvrir des trésors cachés et à planifier vos voyages.

**Guide Shaka :** faites des visites audio autoguidées avec navigation GPS comprenant des commentaires sur les routes panoramiques, les lieux culturels et d'autres attractions.

**Surfline :** Ce programme est idéal pour les surfeurs car il fournit des rapports de surf en temps réel, des prévisions et des flux de caméras en direct de zones de surf célèbres.

Restez informé des conditions océaniques, des prévisions de marées et des avertissements de sécurité pour un voyage à la plage sans souci à Hawaï.

Transit : application de transport en temps réel : utilisez cette application pour naviguer rapidement dans les transports en commun à Hawaï, avec des informations en temps réel sur les horaires et les itinéraires des bus.

Yelp : lisez les avis d'autres touristes et locaux pour trouver les meilleurs restaurants, cafés et activités locaux.

Hawaii News Now : Pour profiter au maximum de votre séjour à Hawaï, restez informé des actualités locales, de la météo et des activités.

Honolulu Museum of Art : cette application donne des informations sur les expositions, les événements et les collections si vous êtes intéressé par l'art et la culture.

Guide de voyage de Triposo à Hawaï : un guide de voyage complet qui comprend des cartes hors ligne, des suggestions locales et des informations cruciales pour votre voyage à Hawaï.

## Numéros de téléphone d'urgence à Hawaï

**Contacts d'urgence à Hawaï :**
911 pour une urgence policière
En cas d'incendie, composez le 911.
Services médicaux d'urgence : 911 Contacts supplémentaires :

Le Hawaii Poison Center peut être contacté au 1-800-222-1222.
808-842-2600 Recherche et sauvetage de la Garde côtière
Police non urgente : pour connaître les services de police insulaires particuliers, consultez l'annuaire local.
Veuillez garder à l'esprit que les informations de contact peuvent changer, c'est donc une bonne idée de vérifier ces numéros régulièrement.

## Le marché commercial préféré d'Hawaï

**Ala Moana Center, Honolulu :** Connu comme le plus grand centre commercial en plein air au monde, Ala

Moana Center propose une gamme variée de magasins, allant des marques haut de gamme aux boutiques locales, le tout dans un décor tropical.

Le Waikiki Beach Walk Honolulu allie commerces de détail et beauté naturelle de Waikiki. Promenez-vous le long de l'avenue Kalakaua pour trouver des magasins de luxe, des boutiques de surf et des souvenirs hawaïens uniques.

Centre commercial Queen Ka'ahumanu, Maui : ce centre commercial de Kahului propose un mélange de marques connues et d'entreprises locales. C'est un endroit fantastique pour acheter des bijoux, des vêtements et de l'artisanat hawaïens.

Marché fermier de Hilo, Big Island : visitez le marché fermier de Hilo pour un échantillon de saveurs locales. Il est ouvert tous les jours et vend des fruits frais, des objets artisanaux faits maison et une gamme d'objets insolites.

Marché culinaire de Kauai, Kauai : ce marché des boutiques de Kukula a lieu tous les mercredis et comprend des légumes frais, des aliments locaux et des articles faits à la main. Ceux qui recherchent les vrais goûts hawaïens apprécieront.

Lahaina Front Street de Maui est chargée d'histoire et parsemée de magasins pittoresques, de galeries d'art et de restaurants. C'est un cadre charmant pour faire du shopping en toute décontraction.

Kahului Swap Meet, Maui : Cette rencontre d'échange du week-end est un trésor d'artisanat, de bijoux et d'objets uniques en leur genre. C'est un endroit idéal pour interagir avec les vendeurs locaux.

Marché fermier de Kailua-Kona sur Big Island : ce marché, situé dans le contexte de la baie de Kailua, propose des produits locaux, des objets artisanaux faits maison et des fleurs fraîches. C'est un endroit animé pour se mêler aux locaux.

Amusez-vous à faire du shopping à Hawaï !

## Étiquette culturelle d'Hawaï

L'étiquette culturelle est importante pour maintenir le respect et la paix à Hawaï. L'esprit Aloha, qui est au cœur de la culture hawaïenne, valorise la compassion, la convivialité et l'humilité. Lorsque vous saluez les gens, un « aloha » chaleureux et un sourire sincère sont habituels, reflétant l'attitude amicale des îles.

Les aînés doivent être respectés dans la société hawaïenne. Il est de tradition de montrer du respect aux kupuna (anciens) en faisant des gestes courtois et en leur fournissant des sièges. De plus, enlever ses chaussures avant d'entrer chez quelqu'un est un geste de respect puisqu'il implique de laisser d'éventuelles saletés dehors.

La notion de « raconter une histoire » est profondément ancrée dans les interactions sociales hawaïennes. S'engager dans une conversation informelle et échanger des histoires favorise la connexion et renforce le sentiment de communauté. Cependant, il est essentiel d'écouter activement et d'éviter d'interrompre les autres afin de promouvoir une culture de l'attention.

Les visiteurs doivent respecter les lieux saints, appelés heiau, et les lieux de sépulture, et s'abstenir de les perturber. Habillez-vous modestement, en particulier lorsque vous assistez à des événements culturels ou à des rituels religieux. Porter des vêtements révélateurs peut être considéré comme impoli.

Participer à des pratiques traditionnelles hawaïennes, comme un spectacle de luau ou de hula, permet une connaissance plus approfondie de la culture hawaïenne. Apprendre quelques termes hawaïens fondamentaux, tels que mahalo (merci) et aloha, indique une conscience culturelle.

Les visiteurs peuvent créer des relations significatives avec la communauté locale et découvrir le véritable esprit d'Aloha à Hawaï en suivant ces normes d'étiquette culturelle.

# CHAPITRE 9

## Budgétisation et planification financière à Hawaï,

La budgétisation et la planification financière à Hawaï doivent tenir compte du coût de la vie et des considérations économiques particulières de l'État. Les dépenses en matière de logement représentent une part importante des dépenses, les prix des logements étant supérieurs à la moyenne nationale. Lors de l'élaboration d'un budget, il est essentiel d'inclure un montant important pour les coûts liés au logement, comme le loyer ou les remboursements hypothécaires.

De plus, en raison de son éloignement, Hawaï a un coût des produits plus élevé que la moyenne, ce qui affecte les frais de transport et d'expédition. Les résidents doivent souvent mettre de côté de l'argent supplémentaire pour la nourriture et d'autres produits de première nécessité. Comprendre les coûts locaux et modifier votre budget de manière appropriée sont des éléments essentiels d'une planification financière intelligente.

Étant donné la dépendance de l'État à l'égard du tourisme, les variations du secteur d'activité peuvent avoir un impact sur la stabilité de l'emploi. Avoir une réserve d'urgence devient encore plus important face à des événements imprévus. Les résidents peuvent également choisir d'examiner des options de travail dans divers secteurs pour améliorer leur stabilité financière.

Hawaï offre des possibilités exceptionnelles en matière d'activités de plein air, ce qui pourrait avoir une influence sur les dépenses de loisirs et de divertissement. La capacité d'équilibrer l'envie de profiter des attractions de l'île avec les obligations financières est essentielle pour une budgétisation efficace.

Profiter des crédits d'impôt ou des déductions spécifiques à l'État peut être avantageux en matière de planification financière. Hawaï offre des allégements fiscaux, et les connaître vous aidera à améliorer votre approche financière. De plus, consulter des spécialistes financiers locaux qui connaissent bien la scène économique hawaïenne pourrait vous donner des informations utiles adaptées à votre situation particulière.

En conclusion, une budgétisation et une planification financière efficaces à Hawaï nécessitent une stratégie sophistiquée qui prend en compte les différents coûts de la vie, l'environnement de travail et les perspectives financières spécifiques à l'État.

## Top 10 des stratégies d'économie d'argent à Hawaï

**Voyages hors pointe :** planifiez votre voyage hors saison pour obtenir de meilleurs tarifs sur l'hébergement et les activités.

**Alternatives d'hébergement :** pour un hébergement moins cher, recherchez des alternatives aux hôtels standard, telles que des locations de vacances ou des auberges de jeunesse.

**Cuisine locale :** choisissez les marchés locaux et les food trucks pour goûter à la cuisine hawaïenne traditionnelle à un coût inférieur à celui des restaurants de luxe.

**Apportez votre propre petit-déjeuner (BYOB) :** Faites le plein de fournitures pour le petit-déjeuner dans les supermarchés locaux pour économiser de l'argent sur le repas le plus important de la journée.

Utilisez les transports en commun ou envisagez de louer un vélo pour visiter les îles et économisez de l'argent sur la location des véhicules et les frais de stationnement.

Attractions gratuites : profitez de la beauté naturelle d'Hawaï sans payer un dollar en profitant des nombreuses attractions gratuites, telles que de superbes randonnées et de jolies plages.

Recherchez des cartes de réduction ou des bons pour des activités et des attractions qui offrent des réductions importantes sur des expériences populaires.

**Apportez votre propre eau (BYOW) :** gardez des bouteilles d'eau réutilisables à portée de main pour éviter d'acheter de l'eau en bouteille coûteuse, en particulier lors d'excursions en plein air.

**Visites DIY :** au lieu de payer pour des visites guidées coûteuses, organisez vos propres aventures en utilisant des outils Internet et des cartes pour un voyage plus abordable.

Vérifiez si vos adhésions (telles que AAA, militaire ou étudiant) offrent des réductions sur l'hébergement, les activités ou la location de véhicules à Hawaï.

Autres conseils utiles :

Pensez à souscrire une assurance voyage pour protéger votre investissement en cas de situations imprévues.

Fixer un budget souvenirs peut vous aider à éviter de faire des folies en souvenirs. Pensez à acheter des produits uniques fabriqués localement pour capturer l'âme de vos vacances.

Utilisez des applications de voyage et des sites Web pour comparer les coûts, localiser les offres et vous tenir au courant des activités locales qui se dérouleront pendant votre visite.

BYOD (Bring Your Own Gear) : Si vous souhaitez participer à des sports nautiques, apportez votre propre équipement de plongée en apnée ou de plage pour économiser de l'argent sur les frais de location.

Événements culturels : assistez à des événements culturels et à des festivals locaux, qui offrent souvent une expérience unique pour peu ou pas de dépenses.

Profitez de votre voyage hawaïen tout en respectant votre budget !

## Évitez les foules à Hawaï pour votre propre sécurité.

Lorsque vous admirez la beauté naturelle d'Hawaï, il est essentiel de donner la priorité à la sécurité en évitant les foules. Même si les îles offrent des paysages à couper le souffle et des expériences culturelles diverses, l'afflux de visiteurs peut parfois entraîner une surpopulation, mettant ainsi en danger la sécurité. L'une des principales raisons pour éviter les grands rassemblements est le souci constant de la santé, en particulier à la lumière d'événements mondiaux comme la pandémie de COVID-19. Les visiteurs peuvent réduire leur risque d'exposition et contribuer à leur bien-être général ainsi qu'à celui de la communauté locale en évitant les endroits très fréquentés.

Outre les problèmes de santé, la sécurité à Hawaï implique la protection de l'environnement naturel. La surpopulation dans les lieux touristiques populaires tels que les plages et les sentiers de randonnée augmente la probabilité d'accidents ou de dommages environnementaux. Pour vraiment apprécier les écosystèmes distincts d'Hawaï et maintenir son équilibre fragile, il est préférable de s'y rendre à des saisons moins populaires ou d'explorer des endroits hors des sentiers battus.

De plus, éviter les foules améliore la qualité globale de la rencontre. La beauté tranquille d'Hawaï est mieux appréciée lorsque l'on n'est pas bousculé par la foule. Un endroit plus calme et intime permet un lien plus fort avec l'environnement, qu'il s'agisse d'admirer le coucher de soleil idéal ou de s'immerger dans la culture locale.

En résumé, donner la priorité à la sécurité en évitant les foules à Hawaï est une décision responsable qui protège à la fois le bien-être personnel et l'environnement fascinant qui fait des îles une destination touristique si populaire.

## Rencontre avec des habitants d'Hawaï

Interagir avec les Hawaïens offre une expérience culturelle fascinante. Le doux esprit aloha vous entoure lorsque vous arrivez sur les îles. Attendez-vous à un charme décontracté et à une véritable chaleur lorsque vous interagissez avec les Hawaïens.

Le rassemblement peut commencer par un salut traditionnel en l'ei, qui représente l'accueil et la convivialité. Parce que les Hawaïens aiment les liens, les discussions dépassent souvent l'ordre du jour. Il est habituel de partager des histoires sur la famille, les coutumes et la vie insulaire, ce qui favorise un sentiment de communauté.

Attendez-vous à ce que la réunion ait lieu à l'extérieur, éventuellement sur une véranda offrant une vue spectaculaire sur l'océan. Les Hawaïens admirent la beauté naturelle de leur environnement et s'intègrent souvent dans leur vie quotidienne.

Le '(terre) est respecté dans les débats sur la durabilité et la conservation. Les habitants sont fiers de leur écologie unique et peuvent être disposés à fournir des informations sur la manière de la préserver pour les générations futures.

La nourriture est une partie importante de la culture hawaïenne, alors attendez-vous à un repas-partage ou à un déjeuner dans un restaurant local. Les plats traditionnels, notamment le poi, le poke et le poisson, mettent en valeur les goûts uniques des îles.

**Enfin, se connecter avec les habitants d'Hawaï va au-delà des affaires ; c'est l'occasion de s'immerger dans l'esprit aloha, de nouer de véritables relations et de mieux respecter la culture et les valeurs qui distinguent ces merveilleuses îles.**

# CHAPITRE 10

## Excursions et excursions d'une journée à Hawaï,

Découvrez la beauté à couper le souffle d'Hawaï grâce à une variété de visites et d'excursions d'une journée captivante qui mettent en valeur la diversité de ces îles du Pacifique. Commencez votre visite dans le magnifique Pearl Harbor, où l'histoire prend vie au mémorial de l'USS Arizona. Explorez les reliques du cuirassé en perdition et les récits qui ont changé le cours de la Seconde Guerre mondiale.

Une visite aux merveilles volcaniques du parc national des volcans d'Hawaï est un incontournable pour les amoureux de la nature. Au Kilauea, un volcan actif qui change et remodèle constamment l'île, admirez la vue imprenable sur la lave en fusion. Partez en randonnée dans des jungles luxuriantes et visitez des tunnels de lave pour vous immerger dans la splendeur brute et indomptée d'Hawaï.

Évadez-vous sur la côte nord d'Oahu, connue pour ses spots de surf emblématiques et son ambiance décontractée. Savourez des plats frais et locaux sur les chariots de nourriture entourant la plage pittoresque tout en regardant les surfeurs experts surmonter d'énormes vagues au Banzai Pipeline. Visitez le Centre culturel polynésien pour un avant-goût de la culture, où des danses traditionnelles, des activités pratiques et un luau mettent en valeur le riche héritage des îles du Pacifique.

Embarquez sur un catamaran le long de la côte Napali de Kauai si vous recherchez la paix et la tranquillité. Admirez les falaises majestueuses, les plages isolées et la vie marine colorée, qui contribuent tous à une expérience incroyable dans les mers cristallines. Vous pouvez également emprunter une route pittoresque le long de la Hana Highway de Maui, qui serpente à travers des jungles luxuriantes, des cascades tumultueuses et des vues panoramiques sur l'océan.

Faites plaisir à vos sens dans le paradis tropical d'Hawaï, où chaque excursion d'une journée révèle une nouvelle couche de paysages uniques et de richesses culturelles de l'île. Les excursions d'une journée à Hawaï offrent une diversité d'expériences qui reflètent l'esprit de ce trésor du Pacifique, qu'il s'agisse de vous plonger dans l'histoire, de découvrir des merveilles volcaniques ou de vous reposer sur de magnifiques plages.

## Un regard sur des vacances en solo à Hawaï

Un seul séjour à Hawaï offre une combinaison inégalée de beauté naturelle, de profondeur culturelle et de tranquillité. L'archipel, situé au centre de l'océan Pacifique, est idéal pour les voyageurs seuls à la recherche d'activités variées.

L'énergie animée d'Honolulu, sur l'île d'Oahu, accueille les voyageurs à leur arrivée avec sa vie urbaine trépidante, ses monuments historiques tels que Pearl Harbor et la célèbre plage de Waikiki. Les voyageurs solitaires peuvent visiter les marchés locaux, manger de la vraie cuisine hawaïenne et s'imprégner du mélange unique d'influences asiatiques, polynésiennes et occidentales.

Au-delà d'Oahu, les îles voisines révèlent leurs attraits particuliers. Maui, connue pour ses environs luxuriants et sa pittoresque route vers Hana, offre une évasion tranquille. Les voyageurs solitaires peuvent grimper à travers les bois de bambous, voir l'aube depuis Haleakala ou simplement se détendre sur les magnifiques plages.

La grande île, souvent connue sous le nom d'île d'Hawaï, offre une variété de conditions météorologiques et de paysages. Dans le parc national des volcans d'Hawaï, les visiteurs solitaires peuvent découvrir le spectacle enflammé du volcan Kilauea, observer les étoiles depuis le sommet du Mauna Kea ou se détendre sur les plages de sable noir.

Kauai, parfois connue sous le nom de « l'île-jardin », attire les visiteurs avec son feuillage luxuriant et ses superbes falaises le long de la côte de Na Pali. Pour des vues époustouflantes, les voyageurs solitaires peuvent emprunter des sentiers de randonnée, profiter d'un magnifique voyage en hélicoptère ou faire une croisière le long du rivage.

Les luaus traditionnels, les spectacles de hula et les voyages dans des lieux historiques comme le palais Iolani mettent en valeur le riche héritage culturel d'Hawaï. S'engager avec la communauté locale permet aux visiteurs isolés de mieux comprendre les coutumes hawaïennes.

Un voyage seul à Hawaï offre une aventure relaxante et enrichissante parmi les paysages enchanteurs du paradis, que ce soit en plongée en apnée dans des mers cristallines, en profitant de la chaleur de l'esprit aloha ou en appréciant la solitude des régions isolées.

## Itinéraire de 7 jours à Hawaï : conseils pour des vacances en solo en toute sécurité

**Suggestions pour des vacances en solo en toute sécurité à Hawaï :**
Informez un ami ou un membre de votre famille digne de confiance de vos objectifs quotidiens et de votre hébergement.

Enregistrez les numéros d'urgence locaux et les coordonnées diplomatiques sur votre téléphone.

**Hébergement sécurisé :** sélectionnez un hébergement réputé et utilisez des serrures sécurisées pour une sécurité renforcée.

**Restez conscient :** Soyez conscient de votre environnement, des traditions locales et de tout risque pour la sécurité.

Investissez dans une assurance voyage complète qui couvre les urgences médicales et les annulations de voyage.

Sauvegarder les objets de valeur : conservez les papiers et les objets de valeur critiques dans les coffres-forts de l'hôtel ; évitez les bijoux voyants.

Transport local : faites appel à des prestataires de transport dignes de confiance et évitez les endroits mal éclairés ou isolés.

Présence en ligne : pour éviter toute attention indésirable, limitez la fourniture de mises à jour en temps réel sur les réseaux sociaux.

Précautions pour la santé : Emportez tous les médicaments nécessaires, la crème solaire et restez hydraté.

Gardez les appareils de communication chargés : Emportez un chargeur portable et gardez les appareils de communication chargés.

## Itinéraire d'Hawaï pendant 7 jours :

**Arrivée le premier jour**

Je suis arrivé à Honolulu, Hawaï.
Jour 2 : Explorez Oahu en vous relaxant sur la plage de Waikiki

Faites une randonnée à Diamond Head pour admirer une vue panoramique sur Pearl Harbor et le mémorial USS Arizona.
Le jour 3 est consacré à la nature.

Faites de la plongée en apnée dans la baie de Hanauma.
Une belle randonnée peut être trouvée aux chutes de Manoa.
Jour 4 : Maui Island Hop

Prenez un vol pour Maui.
Détendez-vous sur les plages de Kaanapali.
Jour 5 : Autoroute Hana

Explorez les cascades et les panoramas le long de la célèbre route de Hana.
Jour 6 : L'arrière-pays de Maui

Visitez le parc national Haleakala dans l'arrière-pays.
Profitez de la nourriture locale.
7ème Jour : Départ

Détendez-vous sur la plage.
Départ de Maui
Ajustez l'itinéraire en fonction de vos intérêts particuliers et des îles que vous souhaitez visiter. Amusez-vous lors de votre excursion en solo !

Printed in France by Amazon
Brétigny-sur-Orge, FR

18434397R00097